Auteur: Catherine Marchi • **Illustrations:** Nancy Peña
Conception graphique et maquette: Émilie Greenberg, www.emigreen.com
Édition: Émilie Collet

ISBN: 978-2-7000-3131-7
Dépôt légal: janvier 2011
Texte composé en Kursivschrift LT Pro et en Learning Curve Pro
Imprimé en France par Pollina - L55241

Catherine Marchi
Illustrations de Nancy Peña

Le guide des plus beaux prénoms rétro

Gründ

sommaire

Et comment allez-vous l'appeler ?

C'est LA question que tout le monde vous pose sur votre futur bébé, bien avant qu'il ne vienne au monde. Un prénom, c'est important. Après la vie, c'est le premier cadeau que vous faites à votre enfant. Et il le portera toute son existence ! Les prénoms ont une âme, ils portent en eux l'histoire des personnages réels ou imaginaires qui les ont rendus illustres, ils véhiculent du rêve et leur aura d'hier rejaillit sur nous aujourd'hui. Donner à son enfant un prénom rétro, un prénom du du passé, comme le nom d'un dieu de la mythologie, d'un prophète biblique, d'une reine de France, d'un chevalier du Moyen Âge, d'une figure de la Belle Époque, d'un héros de roman, de film ou d'opéra, est une façon de l'inscrire dans une légende et d'accrocher son chariot à une étoile… L'auteur propose des prénoms chics, précieux et rares qui raviront les parents exigeants. Si vous souhaitez choisir pour votre bébé un prénom qui a du charisme et de la personnalité et qui s'éloigne des sentiers battus du top 20 des prénoms les plus donnés actuellement, si vous préférez créer les modes plutôt que les suivre, ce guide est fait pour vous !

Prénoms de filles

le Adèle Adrienne Aglaé Albertine Aliénor Alma Ambre Ana

Adélaïde

Fête le 16 décembre

Origine : du germanique *adal*, noble et *haid*, lande.

Histoire : Adélaïde fut porté par plusieurs reines de France. Une autre Adélaïde fit beaucoup pour la notoriété de ce prénom : Adélaïde Lenormand, montée à Paris comme couturière, devint une célèbre tireuse de cartes et prédit à Robespierre son avenir. Sous l'Empire elle fut consultée par Napoléon et Joséphine et aurait prédit son divorce, du coup Napoléon l'envoya en prison. Elle laissa des mémoires secrets, remplis de révélations sur l'impératrice Joséphine.

Caractère : volontaire, active, pleine de ressources, elle ne se laisse jamais abattre et son optimisme est communicatif.

Variantes : Aélide, Alix, Heidi.

....

Adèle

Fête le 24 décembre

Origine : du germanique *adal* : noble.

Histoire : Adèle est un prénom royal. Une reine de Bourgogne, une reine de France, épouse de Louis VII et quantité de comtesses du Moyen Âge donnèrent ses lettres de noblesse à ce prénom. Au XIXe siècle, Adèle, fille méconnue de Victor Hugo, donna un second souffle au prénom. Belle et pourvue de talents de pianiste et d'écrivain incontestables, elle défraya la chronique car elle prit la fuite à Halifax puis à La Barbade, par amour pour un beau lieutenant anglais…

Caractère : multiples dons, constance, suite dans les idées, puissance d'action, elle a tout pour réussir un parcours hors du commun.

Variantes : Adélie, Aline.

....

Adrienne

Fête le 1er mars

Origine : du latin *Adrianus*, nom d'une famille illustre.

Histoire : Adrienne est une fille du feu. Pour Gérard de Nerval et pour nous, elle est la femme toujours rêvée et impossible à rencontrer en ce monde, l'amante idéale de son roman dans *Les Filles de feu*.

Caractère : elle ne supporte pas la médiocrité, elle a de hautes aspirations et de l'ambition. C'est une battante.

Variante : Hadrien.

Aglaé

Fête le 14 mai

Origine : du grec *Aglaïa*, l'une des trois Grâces.

Histoire : Aglaé est une divinité de la mythologie. Rayonnante de beauté, elle symbolise la prolongation de la vie et elle est la messagère d'Aphrodite, déesse de l'amour.

Caractère : pleine d'éclat et de joie de vivre, elle apporte le bonheur autour d'elle.

Albertine

Fête le 15 novembre

Origine : du germanique ***adal*** noble et ***berth*** : brillant, illustre.

Histoire : Albertine est un prénom du Moyen Âge, dérivé d'Alberte porté par quantité de reines et de princesse. Mais c'est l'héroïne littéraire du roman de Marcel Proust ***A la recherche du temps perdu*** qui a marqué ce prénom. Hardie, rieuse, frivole, parfois dure, aimant particulièrement faire de la bicyclette et n'hésitant pas à employer l'argot, Albertine n'a pas disparu, au contraire…

Caractère : désirant briller aux yeux de tous, ce moteur la pousse à s'affirmer et à entreprendre des projets ambitieux

Variante : Alberte.

Aliénor

Fête le 25 juin

Origine : du latin *lenire*, adoucir, calmer.

Histoire : Aliénor est une grande reine du XIIe siècle. Duchesse d'Aquitaine, elle épouse le roi de France Louis VII puis Henri Plantagenêt, futur roi d'Angleterre. Ayant participé à la deuxième croisade, elle joua un rôle politique important en Occident entre la France et l'Angleterre. Séparée de son époux, elle tint à Poitiers sa propre cour, entourée d'artistes et de troubadours. Ses Cours d'amour expliquaient comment se comporter en bon chevalier. Aliénor est la première femme vraiment libérée de notre histoire.

Caractère : indépendante, elle chahute volontiers les codes sociaux et les conventions car elle est guidée par son seul et unique jugement.

Variantes : Eléonore, Léonore, Lorraine, Lorrette, Lorris.

Alma

Fête le 1er août

Origine: du latin *alma*, douce, aimable.

Histoire: Alma est une muse. Ce prénom connu un grand succès en 1854, au moment de la guerre de Crimée, après la bataille de l'Alma et le célèbre zouave du pont de l'Alma en atteste. Mais c'est surtout Alma Mahler, artiste, compositrice et peintre viennoise qui fut successivement l'épouse et la muse de trois grands artistes de leur temps: le compositeur Gustav Mahler, l'architecte Walter Gropius et le romancier Franz Werfel qui nous fait vibrer pour le prénom Alma aujourd'hui.

Caractère: gracieuse, brillante, surdouée, forte et séduisante, un cocktail gagnant.

....

Ambre

Fête le 7 décembre

Origine: du germanique *ambr*, du peuple des Ambrones.

Histoire: Ambre est un prénom précieux. L'ambre jaune est le mystérieux orichalque dont parle Platon dans le récit de l'Atlantide, c'est aussi les pommes d'or censées conférer l'immortalité. Ce prénom retrouva le devant de la scène en 1944 grâce au roman de Kathleen Winsor, *Ambre*. Adoptée par des paysans mais de naissance noble, Ambre va reconquérir les titres et l'argent auxquels elle aurait eu droit par sa naissance. Devenue la maîtresse du roi, elle quitte tout pour rejoindre Lord Carlton, l'homme qu'elle aime vraiment en Virginie.

Caractère: du caractère, une forte personnalité et la beauté énigmatique et solaire de cette pierre jaune transparente caractérisent ce beau prénom.

....

Anastasie

Fête le 10 mars

Origine : du grec *anastasis*, résurrection.

Histoire : Anastasie est une tzarine russe. Victime en 1917 de la révolution russe d'Octobre, la fille du tsar Nicolas II a survécu au massacre car elle fut sauvée par un soldat compatissant. Plusieurs jeunes femmes tentèrent de se faire reconnaître quelques années plus tard comme la véritable princesse Anastasie et le mystère reste entier sur son devenir.

Caractère : volubile, passionnée, parfois excessive mais avec elle on ne s'ennuie jamais.

....

Angèle

Fête le 27 janvier

Origine : du grec *eggelos*, messager.

Histoire : Angèle est un prénom de la Renaissance. Sainte Angèle entra toute jeune dans l'ordre de saint François d'Assise et se voua à l'éducation des enfants. Elle regroupa autour d'elle des jeunes filles animées de la même vocation et fonda, en 1535, la première congrégation féminine enseignante qu'elle nomma, les Ursulines.

Caractère : spirituelle, aérienne, elle est cependant capable de prévoyance et d'engagement dans un constant souci des autres.

Variantes : Angélique, Angelina.

....

Antoinette

Fête le 27 octobre

Origine : du latin *antonia* celle qui fait face à ses adversaires.

Histoire : Antoinette est une femme d'esprit. On est séduit par la très jolie lingère Antoinette Champion qui devint en 1743, l'épouse du philosophe Denis Diderot, le maître d'œuvre de l'Encyclopédie du siècle des Lumières. On aime aussi la duchesse de Langeais, créée par Honoré de Balzac. Cette jeune coquette, de la très bonne société parisienne, tombe éperdument amoureuse et devient carmélite par amour. Balzac était convaincu qu'elle était ce qu'il avait fait de mieux en matière de psychologie féminine.

Caractère : aristocrate par excellence, elle a un sens inné du bon goût et des dons pour tout ce qui touche à l'esthétique, aussi bien en art qu'en philosophie.

Aphrodite

Fête le 30 avril

Origine : du grec Aphrodité, déesse de la beauté.

Histoire : Aphrodite est une déesse de la mythologie que les Romains appellent Vénus. Elle reçut la pomme d'Or du berger Pâris à qui elle témoigna sa reconnaissance en faisant naître entre lui et la belle Hélène de Troie une passion qui allait mener à la guerre de Troie.

Caractère : douée, brillante, elle croque la vie à belles dents et sait jouer de son charme aphrodisiaque indéniable.

Astrée

Fête le 11 juin

Origine : du grec *Astràia*, la fille étoile.

Histoire : Dans la mythlogie grecque, Astrée est la déesse de la justice. Fille de Zeus et de Thémis, Astrée est la dernière des immortelles à vivre parmi les humains durant l'âge d'Or. Quand l'humanité est devenue corrompue à l'âge de Bronze, Astrée quitta la terre et Zeus la plaça dans le ciel sous la forme de la constellation La Balance.

Caractère : fantasque, pleine de fantaisie, elle peut changer brutalement d'humeur, passer du rire aux larmes sans raison apparente. C'est déconcertant, parfois difficile à comprendre mais avec elle on ne s'ennuie jamais. Et quel charme !

Athénaïs

Fête le 1er juillet

Origine : Athena, déesse grecque de la paix et de la guerre.

Histoire : Athénaïs est un prénom de la Renaissance. Mais c'est au XVIIe siècle que la marquise de Montespan, maîtresse de Louis XIV, fit la renommée de ce prénom. D'une beauté triomphante, arrivée à la cour en 1660 pour être dame d'honneur de la reine Marie-Thérèse, elle devient la favorite du Roi Soleil pendant dix ans et lui donna de nombreux enfants. Femme d'esprit, elle protégea Corneille, Molière, La Fontaine et Lully.

Caractère : téméraire et volontaire, elle sait lutter et encaisser les coups sans se plaindre. Eprise de liberté, elle choisit de vivre selon ses désirs et non selon les conventions.

trice Bérengère Bérénice Berthe Blanche Blandine Béatrice Bére

Béatrice

Fête le 13 février

Origine : du latin *beare* : qui rend heureux.

Histoire : Béatrice est un prénom de la Renaissance. Béatrice Portinari est l'héroïne de la *Divine Comédie* de Dante. Ils se sont rencontrés alors qu'ils avaient tous les deux neuf ans et Dante en devint éperdument amoureux. Cette passion d'enfant l'habitera jusqu'à sa mort tellement Béatrice était exceptionnelle.

Caractère : habitée d'un grand désir de bonheur pour soi et pour les autres, elle fait la joie de tous ceux qui l'entourent.

Variante : Béatrix.

....

Bérengère

Fête le 26 mai

Origine : du germanique *ber* ours et *gari* lance.

Histoire : Bérengère est un prénom de reine. Porté par de nombreuses nobles dames, deux reines de Castille et une célèbre reine d'Angleterre. Bérengère de Navarre épousa Richard Cœur de Lion en 1191, avant son départ pour les croisades en Terre sainte.

Caractère : sage et indépendante, elle sait mener sa barque et se rendre indispensable, ce qui lui promet une belle carrière professionnelle.

Variante : Bérangère.

....

Bérénice

Fête le 4 octobre

Origine : du grec *pherein* apporte et *niké* victoire.

Histoire : Bérénice est une héroïne de tragédie. Racine dans sa pièce *Bérénice* a rendu célèbre Bérénice, princesse de Palestine. Ramenée à Rome par Titus, elle fait sa conquête mais Titus rompt lorsqu'il devient empereur car la raison d'Etat passe pour lui avant toute passion. Bérénice quitte Rome pour ne pas le gêner et reste fidèle à son amour.

Caractère : raisonnable, fidèle, pure, elle respecte ses engagements et est capable d'abnégation.

....

Berthe

Fête le 4 juillet

Origine : du germanique *bert* : brillant, renommé.

Histoire : Berthe est un prénom médiéval hongrois. La reine Berthe, femme de Pépin le Bref et mère de Charlemagne, avait un pied plus petit que l'autre. Enfant, cette princesse hongroise fut victime de sa nourrice qui abandonna Berthe dans la forêt pour lui substituer sa propre fille. Mais la vraie Berthe sera retrouvée et reconnue grâce à la particularité d'un de ses pieds et la méchante nourrice sera punie, comme dans les contes de fées.

Caractère : chanceuse, elle sait tirer le meilleur de la vie et voir le verre à moitié plein plutôt que le verre à moitié vide.

Variante : Bertille.

....

Blanche

Fête le 3 octobre

Origine : du latin *alba* de couleur blanche

Histoire : Blanche est un classique du Moyen Âge. La très jeune Blanche de Castille épousa Louis VIII en 1200. Cette reine belle, bonne, franche et juste nourrissait elle-même ses enfants et s'occupait de leur éducation. Elle fut la mère de saint Louis.

Caractère : grâce à sa capacité d'analyse, son avis est sûr. Ses talents de bonne conseillère font d'elle une amie recherchée et une excellente pédagogue.

Variantes : Albane, Bianca.

....

Blandine

Fête le 2 juin

Origine : du latin *blandus* : flatteur, caressant.

Histoire : Blandine est un prénom chrétien. Jeune esclave chrétienne, Blandine fut arrêtée et jetée aux lions dans l'arène. Étrangement, les animaux sauvages épargnèrent Blandine qui fut ramenée plusieurs fois dans l'arène. Mais même le taureau furieux ne la tua pas.

Caractère : gentille, facile à vivre et tendre, elle fait le bonheur de sa famille. Elle possède un don pour s'occuper des animaux

....

liope Calliste Calypso Capucine Carmen Cassiopée Clélie Cléo Cl

Calliope

Fête le 26 janvier

Origine : du grec ***kalliopé*** : belle voix.

Histoire : Calliope est la muse de l'éloquence et de la poésie. Elle est la mère d'Orphée et également des sirènes qu'elle conçut avec le dieu fleuve Achéloos.

Caractère : positive, elle fuit les pessimistes. Elle a une confiance absolue en son étoile et cette conviction lui permet de réussir tout ce qu'elle entreprend.

Calliste

Fête le 14 octobre

Origine : du grec ***kallistos*** : parfait, accompli, achevé.

Histoire : Callisto est une nymphe de la mythologie grecque appartenant à la suite d'Artémis. Aimée de Zeus, elle suscita la jalousie d'Héra qui la transforma en ourse dans l'espoir de la faire tuer par un chasseur. Mais Zeus, pour la protéger, la plaça au ciel où elle devint la constellation de la Grande Ourse.

Caractère : elle a un grand besoin de perfection et aspire à cultiver toutes les beautés du corps et de l'esprit sans oublier la modestie.

Variantes : Callista, Calixte.

Calypso

Fête le 7 novembre

Origine: du grec ***kalupô,*** nymphe.

Histoire: Calypso est une héroïne de la mythologie grecque. Fille du dieu Atlas, Calypso accueillit Ulysse qui venait de faire naufrage. Amoureuse, elle s'efforça pendant sept ans de lui faire oublier sa patrie et son épouse dans sa grotte enchantée, cachée derrière une vigne épaisse et riche. Mais Zeus lui ordonne de laisser partir son héros et Calypso obéit, malgré son chagrin.

Caractère: elle a tendance à chercher la sagesse derrière les apparences, à passer derrière le miroir pour voir les êtres et les choses tels qu'ils sont.

....

Capucine

Fête le 5 octobre

Origine: du latin *caput* tête, puissance, pouvoir.

Histoire: Ce prénom est apparu dans le calendrier révolutionnaire. On connaît tous la célèbre chanson ***Dansons la capucine***. Depuis, les Capucine n'ont cessé de nous éblouir comme le fameux mannequin Capucine des fifties. Egérie du new look de Christian Dior et de Givenchy elle devint la première top model, icône absolue du chic parisien.

Caractère: placée sous le signe de l'affection, de l'amour, comme la capucine recueille la rosée au fond de sa corolle, elle sait réconforter et donner le meilleur de soi-même.

....

Carmen

Fête le 16 juillet

Origine : du latin *carminium* : rouge carmin.

Histoire : Carmen a connu son heure de gloire avec le roman de Mérimée puis l'opéra de Bizet. D'une scandaleuse beauté Carmen rend tous les hommes fous d'amour. Fatale mais innocente, elle n'a que ses caprices pour règle. Elle perdra Don José mais se perdra aussi…

Caractère : haute en couleur, volcanique, parfois rebelle, elle a beaucoup d'esprit et ses traits d'humour font mouche.

……………………………………………………………

Cassiopée

Fête le 21 juin

Origine : du grec *cassiopeiae*, constellation

Histoire : Cassiopée est un prénom de la mythologie grecque. Reine d'Ethiopie, elle disputa aux Néréïdes, nymphes de la mer, le prix de la beauté. Poséidon, furieux, déchaîna contre elle un monstre marin à qui elle devait sacrifier sa fille Andromède. N'ayant pas tenu sa promesse, Cassiopée est devenue une constellation de la Voie lactée.

Caractère : passionnée, chaleureuse, elle peut s'emporter facilement et prendre des décisions impulsives qu'elle regrette ensuite. Clairvoyante, elle apprend à se contrôler au fil des expériences.

……………………………………………………………

Clélie

Fête le 13 juillet

Origine : du latin *Cloelius* nom d'une famille romaine.

Histoire : Clélie a explosé en 1664, grâce au roman de Madeleine de Scudéry, *Clélie, histoire romaine* qui eut une influence considérable sur son temps. Ce roman culte renferme la Carte du Tendre, représentant les méandres du sentiment amoureux.

Caractère : son petit côté précieux et sophistiqué est tempéré par une gaîté et une joie de vivre communicative. Souriante, charmante, active, c'est le rayon de soleil de la famille.

Variante : Clélia.

Cléo

Fête le 1er mai

Origine : du grec *kleos* célébration.

Histoire : Cléo est le diminutif de Cléopâtre. Cette sublime reine d'Égypte sut s'allier la puissance de Rome en séduisant Jules César, puis le général romain Marc-Antoine. Apprenant la mort de Marc-Antoine qu'elle aimait follement, elle se suicida en introduisant dans ses appartements deux aspics dissimulés dans un panier de figues.

Caractère : ingénue, sa fraîcheur et son côté femme-enfant font des ravages et nul, ou presque, ne résiste à son charme mutin.

Clotilde

Fête le 4 juin

Origine : du germanique *hrod* : gloire et *hild* : combat.

Histoire : Clotilde est un élégant prénom médiéval. La très belle Clotilde épousa Clovis, le roi des francs encore païen en en 492. Elle réussit à le convertir quand le dieu de Clotilde lui apporta la victoire de Tolbiac alors qu'il croyait le combat perdu. Clovis se fera baptiser à Reims en 498.

Caractère : son comportement allie la grandeur et la classe, elle n'hésite pas à donner de sa personne et à se mobiliser pour des causes qui lui tiennent à cœur.

Colombe

Fête le 31 décembre

Origine : du grec *kolumbos*, oiseau plongeur.

Histoire : Colombe est un prénom qui remonte au début de l'ère chrétienne. Colombe, jeune espagnole croyante, quitta Cordoue sous domination musulmane et vint en France pour se mettre à l'abri des persécutions. Elle fut vénérée dans toute la France au IIIe siècle. Plus proche de nous, Colombine est un personnage de la commedia dell'arte italienne. C'est la jeune femme adorable dont Pierrot est amoureux.

Caractère : elle oscille entre ses deux tendances fondamentales, le côté changeant et instable de l'oiseau dans les airs et le côté équilibré et posé de l'oiseau symbole de la paix et de la sérénité.

Variante : Colomba.

Cybèle

Fête le 31 août

Origine : du grec Kybélé, déesse phrygienne.

Histoire : Cybèle est la déesse d la nature sauvage. Fille du père des Dieux, Cybèle est abandonnée à la naissance et recueillie par un léopard. C'est lui qui lui donnera les clés de la terre donnant accès à toutes ses richesses. Puissante et vénérée, elle pouvait guérir les maladies et apporter la fertilité.

Caractère : forte, volontaire, elle n'a pas froid aux yeux et c'est souvent elle qui prend les décisions importantes.

....

Danaé Daphné Délie Diane Domitille Dalila Danaé Daphr

Dalila

Fête le 5 octobre

Origine : de l'araméen ***dâ*** : celle et de ***laylâh*** : nuit, obscurité.

Histoire : Dalila est une femme de la nuit. Séductrice, Dalila fit du charme à l'herculéen Samson pour découvrir le secret de sa force : sa longue chevelure. Une nuit, elle lui coupa les cheveux et les Philistins purent s'emparer du héros jusque-là invincible. L'opéra de Camille Saint-Saëns en 1877 a magnifié la beauté troublante.

Caractère : elle apprécie la réflexion et la méditation. Déterminée, elle ne s'engage pas à la légère et est capable de métamorphoses étonnantes quand elle aime.

Variante : Dahlia.

....

Danaé

Fête le 6 février

Origine : grec ***aê*** : souffle et ***dan*** : la terre.

Histoire : Danaé est une héroïne de la mythologie grecque. Danaé était la fille du roi d'Argos et son père, écoutant l'oracle, l'avait faite enfermer dans une tour. Mais Zeus s'introduisit auprès de Danaé sous la forme d'une pluie d'or et cette ruse donna naissance à un fils. Furieux, le roi enferma Danaé et son fils dans un coffre qu'il jeta à la mer mais le coffre s'échoua sur une île et ils furent sauvés.

Caractère : entière, lumineuse, pleine de fougue et d'entrain, elle sème la gaîté autour d'elle et réussit à rendre le sourire aux plus revêches.

....

Daphné

Fête le 1er novembre

Origine : du grec *daphnè* : laurier.

Histoire : Daphné est une nymphe de la mythologie grecque. Daphné aux cheveux d'or était si belle qu'Apollon la poursuivait de sa flamme. Pour lui permettre d'échapper aux assiduités d'Apollon les Dieux changèrent Daphné en laurier. Dépité, le Dieu de la musique et de la poésie cueillit une branche de laurier et s'en fit une couronne. De là vient la coutume de tresser des couronnes de laurier aux vainqueurs.

Caractère : c'est une battante qui aime la victoire et qui en remporte de nombreuses car elle a autant de chance que de courage.

....

Délie

Fête le 9 juin

Origine : du latin Delos, nom de l'île de la mer Egée où est née la déesse Diane.

Histoire : Ce prénom de l'Antiquité évoque la déesse Diane qui se livrait à la chasse, la nuit, en compagnie de ses nymphes préférées. Mais c'est en 1544 que Délie s'imposa en France grâce au recueil de poèmes de Maurice Scève dont elle était l'inspiratrice. L'amour impossible dont elle était l'objet, discours poétique s'il en est, a assis sa notoriété plusieurs siècles. Aujourd'hui Délie nous revient, portée par la vogue des prénoms 1900.

Caractère : élégante, gracieuse, ses membres déliés lui donnent une allure princière que sa modestie naturelle fait d'autant plus ressortir.

Variantes : Délia, Cordélia, Fidélia.

....

Diane

Fête le 9 juin

Origine : de l'étrusque Djana : gardien des passages et des solstices.

Histoire : La vogue de ce prénom dans les milieux aristocratiques à partir du xvie siècle, est l'oeuvre de Diane de Poitiers. La belle dame devint la maîtresse du roi Henri II qui avait 19 ans de moins qu'elle. Toute puissante, elle encouragea les arts et Henri II fit construire pour elle le château d'Anet. Elle eut une fille naturelle, aussi prénommée Diane et depuis plusieurs princesses d'Europe portèrent ce prénom.

Caractère : sous l'égide de la lune, elle exprime sa double influence, d'un côté l'inconstance, le goût des balades au clair de lune, de l'autre, la brillance et la lumière qui éclaire et mène au succès.

....

Domitille

Fête le 7 mai

Origine : du latin *domitius* : rattaché à une maison.

Histoire : Domitille était le prénom chouchou des femmes romaines. La mère de Messaline et la mère de Marc Aurèle, deux illustres Domitille, l'ont popularisé. Resté confidentiel jusquà aujourd'hui dans certains milieux restreints et élitistes, ce noble prénom s'ouvre et s'épanouit.

Caractère : dominatrice née, exigeante, envers elle-même comme envers les autres, elle montre une réelle volonté d'évoluer et de s'améliorer.

Variantes : Domitien, Domitienne.

....

Eglantine Eleonore Elfie Eloïse Elsa Elvire Emilienne Esther

Edith

Fête le 16 septembre

Origine : du germanique ***ed*** richesse, félicité et ***gyth*** : combat.

Histoire : Ce prénom médiéval nous vient d'Angleterre. Au XIe siècle, Edith au cou de cygne, la fille du roi anglais fit sa popularité dans toute l'Europe en devenant la maîtresse d'Edouard II. Remis à la mode au XIXe siècle, puis à nouveau délaissé, ce prénom rayonnant ira aux petites filles qui veulent donner de la voix !

Caractère : indépendante, déterminée, dynamique, elle grandit sous le signe de la chance et de la réussite.

Variantes : Ada, Ditte.

....

Eglantine

Fête le 23 août

Origine : du latin ***aculeus*** : aiguillon.

Histoire : Eglantine est née sous la révolution. Ce prénom prit son envol au XIXe siècle quand Philippe-François-Nazaire Fabre, écrivain et homme politique, prit pour pseudonyme Fabre d'Eglantine après avoir gagné une églantine en or aux jeux floraux de Toulouse.

Caractère : vive, chaleureuse, rieuse, elle est capable de se montrer piquante mais jamais méchante car elle a un cœur d'or.

....

Eléonore

Fête le 25 juin

Origine : de l'arabe *ellinor* lumière.

Histoire : Ce prénom arrivé en Occident au XIIe siècle avec les Maures fut fièrement porté par de nombreuses reines. Au XIIIe siècle, Eléonore de Provence, fille du comte Raimond Bérenger IV, devint reine d'Angleterre à 14 ans en épousant le roi Henri III. Souhaitant racheter ses erreurs politiques, elle leva une armée pour aider son époux à rétablir son autorité.

Caractère : conquérante, combative, elle a un grand sens de la diplomatie et réussit toujours à persuader ses interlocuteurs, même ses adversaires.

Variantes : Eléonora, Léonora, Léonore, Elléonore.

Elfie

Fête le 8 février

Origine : du germanique *adal* noble et *frido* paix.

Histoire : Elfie est un prénom de princesse. Contrairement aux apparences, Elfie n'est pas une elfe mais une princesse britannique du VIIe siècle qui a abandonné les fastes et les vanités de la cour pour l'abnégation et le renoncement de la vie religieuse. Elle priait pour la paix entre tous les hommes et l'harmonie entre toutes les créatures qui peuplent la terre et la nature. Une écologiste avant l'heure en somme…

Caractère : guidée par son grand cœur, elle refuse de se plier à ce qu'on exige d'elle si elle n'en ressent pas la légitimité. Cette attitude peut parfois confiner à la rébellion mais elle impressionne par son sens de la justice et de l'équité.

Eloïse

Fête le 15 mars

Origine : germanique, signifie «glorieux vainqueur».

Histoire : Eloïse est une célèbre amoureuse. D'une beauté remarquable, elle enflamma le cœur du théologien Abélard, qui n'hésita pas à l'enlever à son oncle, le chanoine Fulbert. Furieux, Fulbert se vengea en faisant mutiler le pauvre Abélard. Eloïse prit le voile et Abélard devint moine. Leur correspondance qui dura des années fut publiée et ils restent depuis le XIIe siècle des amants exemplaires. Jean-Jacques Rousseau relança ce beau prénom avec son roman culte *La Nouvelle Héloïse* qui évoque l'amour de Julie pour Saint-Preux sous une forme épistolaire comme *Eloïse et Abélard*.

Caractère : pleine d'esprit et d'imagination, elle déborde d'idées et de projets tous plus captivants les uns que les autres. Elle a besoin d'être entourée de personnes qui croient en elle pour les réaliser. Son inspiration la porte aussi bien vers la littérature et les arts que vers la science ou les mathématiques

Variantes : Héloïse, Eloïs.

....

Elsa

Fête le 17 novembre

Origine : de l'hébreu *elischeba* Dieu est mon serment.

Histoire : Elsa est un prénom de muse. En 1850, l'opéra de Richard Wagner rendit populaire Elsa de Brabant, l'épouse du mystérieux Lohengrin. Un siècle plus tard, un autre homme fit le succès de ce joli prénom, le poète Louis Aragon. *Les Yeux d'Elsa* sont les 21 plus beaux poèmes d'amour jamais écrits à la gloire de la femme aimée. De 1941 à 1964, Aragon ne cessera d'écrire pour Elsa Triolet, sa muse et sa compagne.

Caractère : idéaliste, généreuse, elle donne d'elle-même sans compter et apporte son soutien aux déshérités et aux malheureux.

Variante : Elsie.

....

Elvire

Fête le 16 juillet

Origine : du germanique *adel* noble et *ward* gardien.

Histoire : Elvire est un prénom théâtral. Connu dès le XIe siècle, la renommée d'Elvire date du XVIIe siècle quand Molière puis Mozart l'ont choisie pour le personnage de l'épouse délaissée de Don Juan. C'est celle qui lui annoncera son châtiment. Don Juan est devenu un mythe et Elvire l'emblème de toutes les femmes honnêtes, abusées par un séducteur libertin.

Caractère : sensible, fidèle, discrète sans être effacée, elle dégage une grande énergie et sait se montrer inflexible pour arriver à ses fins.

Variante : Elvira.

....

Emilienne

Fête le 19 septembre

Origine : du grec *aimilios* : séduisant, rusé.

Histoire : Emilienne est un prénom d'une grande séduction. L'une des femmes les plus en vue de la belle époque fut Emilienne d'Alençon. Courtisane et danseuse de cabaret aux Folies Bergère, Emilienne était avec Liane de Pougy et Caroline Otero, l'une des trois grâces de la vie parisienne. Ce prénom 1900 un peu oublié est à redécouvrir impérativement.

Caractère : impétueuse, franche, énergique, elle avance dans la vie comme une reine et recueille les hommages et les honneurs.

Variantes : Emilie, Emeline.

....

Esther

Fête le 1er juillet

Origine : du perse *ester* étoile.

Histoire : Esther est un prénom biblique. Incroyablement belle, la jeune orpheline Esther eut un destin exceptionnel nous raconte l'Ancien Testament. Le roi de Perse Assuérus la choisit comme nouvelle épouse. Devant la menace d'un massacre des Juifs, Esther obtint la grâce du souverain et réussit à sauver son peuple.

Caractère : son tempérament calme et modéré en fait l'élément médiateur de la famille. Convaincante elle sait désamorcer les conflits et se faire l'avocate, même des causes perdues…

Variantes : Ethel, Astarté.

....

Eugénie

Fête le 7 février

Origine : du grec *eugenios* : bien né.

Histoire : Eugénie est un prénom impérial. La jeune espagnole Eugénie de Montijo fit la conquête de Napoléon III qui parlait d'elle en termes plus qu'élogieux : ***Douée de toutes les qualités de l'âme, elle sera l'ornement du trône. Gracieuse et bonne, elle fera revivre, j'en ai le ferme espoir, les vertus de l'Impératrice Joséphine***. Très aimée des Français, la première dame du second empire lança une mode puisque son prénom se classait parmi les 10 prénoms féminins les plus attribués au XIXe siècle.

Caractère : distinguée, gracieuse, fiable et fidèle à ses convictions, elle a le sens de la famille et fait tout son possible pour apporter le bonheur autour d'elle.

....

Eurydice

Fête le 21 juin

Origine : du grec *eurus* : vaste et *dikê* : justice, celle qui est d'une grande justice.

Histoire : Eurydice est un prénom de la mythologie grecque. La belle dryade Eurydice était l'épouse du musicien et poète Orphée. La malheureuse mourut d'une piqûre de vipère. Orphée, fou de douleur, descendit aux enfers avec sa lyre pour ramener son aimée. Il obtint ce privilège à condition de ne pas se retourner avant d'avoir franchi la limite qui sépare le monde des morts de celui des vivants. Ne résistant pas à son désir de revoir sa femme, il se retourna et la perdit pour toujours.

Caractère : douce, agréable à vivre, attentionnée, ses qualités humaines sont reconnues et appréciées et elle fait l'unanimité.

Variante : Euridice.

....

Eve

Fête le 6 septembre

Origine : de l'hébreu *hawwâh* : source de vie.

Histoire : Eve est un prénom biblique. Première femme de l'humanité dans la Genèse. Eve serait née d'une côte d'Adam. Séduite par le serpent tentateur, elle cueillit le fruit défendu, la pomme, et fut chassée du paradis avec Adam. Au Moyen Âge, de nombreuses femmes s'appelaient Eve car c'était un gage d'une plus longue espérance de vie.

Caractère : active, désireuse de faire bouger les choses, elle a parfois tendance à se montrer autoritaire et à bousculer les autres. Mais sa détermination est tempérée par son extrême féminité et sa douceur.

Variantes : Eva, Evie, Ava.

....

y Fantine Félicité Flavie Fleur Flora Fanny Fantine Félicité

Fanny

Fête le 9 mars

Origine : du latin *franciscus* : franc.

Histoire : Fanny est un diminutif de Françoise. Fanny pris son envol au XVIIIe siècle, quand l'engouement pour tout ce qui venait d'Angleterre battait son plein. Deux romans *Lettres de mistriss Fanny Butlerd* de Mme Riccoboni et *Fanny Hill ou les mémoires d'une femme de plaisir* de John Cleland furent de véritables best-sellers de l'époque et lancèrent la mode des Fanny. Plus près de nous, à Marseille, la jolie marchande de coquillages créée par Marcel Pagnol dans *Marius* a conforté son succès.

Caractère : gracieuse, sensible, fragile et forte à la fois, elle cache sous une apparente légèreté un sens aigu des responsabilités.

Variantes : Fannie, Fannette, Fanchon.

....

Fantine

Fête le 30 août

Origine : du latin *infans* enfant.

Histoire : Fantine est une fée du pays vaudois. Mais c'est Victor Hugo qui lui appporta son heure de gloire en 1862. C'est ainsi qu'il nomma l'émouvante mère de Cosette dans *Les Misérables*, faisant entrer illico ce doux et tendre prénom dans notre mémoire collective.

Caractère : douce, émotive, sincère, elle aime la simplicité et les relations sereines.

Variante : Fantin.

....

Félicité

Fête le 23 novembre

Origine : du latin *felicitas* : fécondité, fertilité.

Histoire : Félicité était la déesse romaine de la chance, tenant d'une main une corne d'abondance et de l'autre un caducée. Au début de l'ère chrétienne, une sainte Félicité fut martyre à Carthage. Jeune esclave africaine, elle fut livrée aux lions dans l'arène. Au XIXe siècle, ce prénom populaire entra en littérature. Félicité Rougon est un personnage présent dans plusieurs romans de Zola et Félicité est l'héroïne de l'un des *Trois Contes* de Flaubert.

Caractère : puissante, perfectionniste, elle travaille dur pour atteindre un niveau d'excellence dans tout ce qu'elle entreprend. Persévérante, elle gagne la première marche du podium.

Variante : Félicie.

Flavie

Fête le 7 mai

Origine : du latin *flavus* : blond, pièce d'or.

Histoire : Ce prénom vient de la Rome antique. Les Flaviens sont deux célèbres dynasties romaines qui donnèrent de nombreux empereurs. La mode des Flavie arriva en France par l'intermédiaire de la commedia dell'arte italienne. Flavia était le nom d'une jeune amoureuse éperdue qui bouleversa les coeurs des jolies dames de l'époque classique.

Caractère : aimant tout ce qui brille, l'or, les étoiles, les paillettes, elle a le sens de la fête et aspire à la richesse.

Variante : Flavien.

Fleur

Fête le 5 octobre

Origine : du latin *florens* : floraison.

Histoire : Fleur est un prénom médiéval. Fleur était une jeune fille très pieuse née en 1300 dans le Cantal. Elle entra au couvent à quatorze ans et se consacra aux soins des malades. Elle eut de nombreuses visions mystiques et sa renommée fut telle qu'à partir de la Renaissance Fleur se répandit dans toute l'Europe.

Caractère : encline à la rêverie, artiste, elle a du mal à redescendre les pieds sur terre et à se colleter avec la réalité et les contingences pratiques. Mais son côté « dans la lune » a un charme fou.

Variantes : Fleuriane, Fleurice, Fleurine.

Flora

Fête le 24 novembre

Origine : du latin « Flora » : divinité des fleurs et du printemps.

Histoire : Flora est un prénom de la Rome antique. Les Romains célébraient les Floralies en l'honneur de Flora, la mère du printemps. A la Renaissance, le poète François Villon célébra les charmes envoûtants de Flora la belle romaine dans son recueil *La Ballade des dames du temps jadis*.

Caractère : forte, pleine d'endurance et de vitalité, elle a un grand sens de la beauté et aime vivre dans l'abondance et le luxe.

Variantes : Fleur, Floralie, Florane, Florine, Floryse.

ée Garance Gilda Gisèle Graciane Gwendoline Galatée Ga

Galatée

Fête le 5 novembre

Origine : du grec *gala* : lait.

Histoire : Galatée vient de la mythologie grecque. Cette séduisante néréide (divinité marine) fit complètement craquer le Cyclope Polyphème. Amoureuse du berger Acis, elle dut changer son amant en fleuve pour le protéger de la jalousie du monstre à un œil.

Caractère : fantasque, dynamique, elle fait toujours mille activités en même temps et il faut l'aider à canaliser son énergie débordante pour qu'elle mène ses projets jusqu'au bout.

Variante : Gala.

Garance

Fête le 5 octobre

Origine : du germanique *wratja* : garantie.

Histoire : Garance fut introduit par le calendrier révolutionnaire en 1793. Garance est le nom d'une plante dont on tirait un magnifique rouge vif. Toute la symbolique du rouge se retrouve dans Garance : la fougue de la révolution, la force vitale, le sang, l'énergie, le feu... La mode de ce prénom fut relancée en 1945 par le personnage d'Arletty dans le film de Marcel Carné : *Les Enfants du paradis*.

Caractère : elle a de l'éclat, du panache, de la séduction, du toupet et un goût prononcé pour le spectacle. Parfois elle se contente d'attirer les regards et de se donner en spectacle, parfois elle en fait son métier.

Gilda

Fête le 29 janvier

Origine : du germanique ***gild*** sacrifice.

Histoire : Gilda est un prénom lyrique. L'héroïne de l'opéra de Verdi ***Rigoletto*** (1851) a lancé la mode de ce prénom mélodieux. Pour sauver l'homme qu'elle aime, le duc de Mantoue, des foudres de la vengeance paternelle, Gilda se sacrifie et meurt à sa place. Une autre Gilda défraya la chronique en 1946, la sublime Rita Hayworth, star du film de Charles Vidor.

Caractère : flamboyante, féminine et sexy, elle ne risque pas de passer inaperçue.

....

Gisèle

Fête le 7 mai

Origine : du germanique ***gisel*** otage.

Histoire : Gisèle est un prénom médiéval. Porté par de nombreuses gentes damoiselles puis oublié, Gisèle connut un regain de popularité au XIXe siècle, grâce au succès du ballet fantastique ***Giselle ou les Willis*** d'Adolphe Adam. Gisèle est devenue l'emblème du ballet romantique classique, des tutus et des pointes, de la grâce féminine des danseuses étoiles de l'opéra.

Caractère : aérienne, inspirée, elle cherche à dépasser les contraintes du corps, à vaincre les idées reçues et les préjugés qui empêchent d'être soi.

Variantes : Guylain, Guylaine.

Graciane

Fête le 21 août

Origine : du latin *gratia* : reconnaissance, charme, dérivé de Grâce.

Histoire : Graciane est un dérivé de Grâce. Dans l'Antiquité, les Grâces représentaient diverses incarnations de la beauté, les plus connues s'appelaient Aglaé, Euphrosyne et Thalie. Graciane fut très en vogue chez les puritains anglais au lendemain de la Réforme du fait de sa résonance chrétienne très marquée.

Caractère : elle recherche en tout la beauté, aspire à l'harmonie, au calme et au bonheur simple.

Variantes : Grâce, Graziella, Gracieuse.

....

Gwendoline

Fête le 14 octobre

Origine : du celtique *gwenn* blanc et *dolyn* cercle.

Histoire : Gwendoline est une fée. Ancienne divinité de la lune dans le cycle arthurien, Gwendolen est une fée dont le roi Arthur fut amoureux. Elle lui donna une fille Gwyneth. Gwendolen était aussi le nom de la femme de l'enchanteur Merlin.

Caractère : troublante, mystérieuse, elle ne donne pas facilement accès à son intimité mais quand on a su parler à son coeur, elle se révèle une amie exceptionnelle.

Variantes : Gwendal, Gwenaël, Gwenn.

rietre Hermine Hortense Iphigénie Iris Isadora Isaure Isis I

Henriette

Fête le 13 juillet

Origine : du germanique *heim* maison, foyer et *ric* puissant.

Histoire : Henriette est un prénom classique. C'est la duchesse d'Orléans, Henriette d'Angleterre qui attira l'attention sur ce prénom de reine. Femme du frère du roi Louis XIV, elle se jeta dans les plaisirs de la cour et tous les courtisans tombèrent sous le charme de son esprit et de sa beauté. Elle fut l'amie inconditionnelle de Corneille, La Fontaine et Molière.

Caractère : ambitieuse, motivée, elle ne lésine pas sur les efforts pour réussir. Elle a tendance à vouloir régenter toute la famille et il faut parfois la remettre gentiment à sa place.

Variantes : Henriane, Harriet, Henrietta.

....

Hermine

Fête le 9 juillet

Origine : du germanique *irmin* : immense, majestueux.

Histoire : Hermine symbolise la royauté. Au xᵉ siècle Hermine de Byzance fut l'épouse admirée de l'empereur Constantin. Mais Hermine doit sa renommée à un petit animal à fourrure blanche, l'hermine, symbole du pureté et utilisée en bordure des manteaux royaux.

Caractère : de la grandeur dans les pensées, les sentiments, les actes... Elle est tout simplement renversante.

Variantes : Irmeline, Irmine, Hermione, Hermelinde.

....

Hortense

Fête le 11 janvier

Origine : du latin *hortus* jardin.

Histoire : Hortense est un prénom XIXe. Hortense de Beauharnais était l'épouse du roi de Hollande, Louis Bonaparte, et la mère du futur Napoléon III. Son prestige ainsi que la célébrité d'Hortense Schneider, cantatrice qui créa plusieurs rôles dans les opéras-bouffe d'Offenbach, lancèrent Hortense au XIXe siècle dans la haute bourgeoisie.

Caractère : innocente et sensuelle, elle a du charme et de la délicatesse. Un jardin épanoui, facile à vivre.

....

Iphigénie

Fête le 8 juillet

Origine : du grec *iphigeneia* soumise à la puissance familiale.

Histoire : Iphigénie est un symbole d'héroïsme. Pour calmer le courroux de la déesse Artémis et par amour de la Grèce, Agamemnon s'apprête à immoler sa fille Iphigénie. C'est le prix à payer pour la victoire de la flotte hellène sur Troie. La blonde Iphigénie monte d'elle-même au sacrifice mais à l'instant où on va lui trancher la gorge, Artémis fait disparaître la jeune fille et le glaive transperce le cœur d'une biche.

Caractère : sincère, courageuse, altruiste, elle fait souvent passer le bonheur des autres avant le sien.

....

Iris

Fête le 4 septembre

Origine : du grec *Iris* : l'arc-en-ciel.

Histoire : Iris exhale un parfum d'ultra féminité. Iris aux pieds légers, déployant dans le ciel ses ailes irisées était la messagère des dieux. Elle transmettait aux hommes des nouvelles par l'intermédiaire de l'arc-en-ciel. Au XVIe siècle, le poète Rémy Belleau écrivit les amours d'Iris et d'Opale et en tira une chanson : ***J'ai tout perdu en perdant mon Iris*** qui fit fureur. Au XVIIe siècle l'écharpe d'Iris désignait l'arc-en-ciel et aujourd'hui ce prénom nous charme toujours autant.

Caractère : son côté femme-enfant, son tempérament ouvert et extraverti font qu'elle ne passe jamais inaperçue et qu'elle est toujours entourée d'une foule d'amis.

....

Isadora

Fête le 4 avril

Origine : du grec Isis nom de la déesse et *dôron* cadeau.

Histoire : Isadora est un dérivé d'Isidore. Celle qui a marqué ce prénom de son empreinte est Isadora Duncan, danseuse et chorégraphe des années folles. Isadora incarnait le génie de la danse, couverte d'un voile et pieds nus comme les vestales grecques. L'expressivité de ses gestes inspira les plus grands peintres.

Caractère : libre, artiste, indépendante, elle aime s'affranchir des conventions pour donner libre cours à son expressivité personnelle.

Variantes : Isidora, Isidorine.

....

Isaure

Fête le 17 juin

Origine : du latin *isauria* qui vient de la région d'Isaurie.

Histoire : Isaure est un prénom médiéval. Isaure, dame toulousaine du XIVe siècle, fut la fondatrice légendaire des jeux floraux de la ville rose. Isaure est aujourd'hui portée par la vogue des prénoms du temps jadis.

Caractère : elle aime la sincérité et la pudeur. Les démonstrations bruyantes d'affection, les amours tumultueuses et passionnelles lui semblent superficielles. Avec elle, il faut jouer la carte de la sobriété et de l'intime.

Variante : Isaura.

....

Isis

Fête le 4 avril

Origine : de l'égyptien *esi* : celle qui est sur le trône.

Histoire : Isis est une déesse égyptienne. La légende de la déesse du mariage Isis est liée à celle d'Osiris. Osiris fut dépossédé de ses pouvoirs par son rival Seth, qui dispersa son corps démembré à travers le pays. Isis parvint à rassembler les morceaux et le dieu Soleil redonna vie à Osiris.

Caractère : sensible, émotive, entière, elle reste fidèle à ses engagements jusqu'au bout.

....

Isolde

Fête le 22 février

Origine : du celtique ***essylt*** belle, agréable à voir.

Histoire : Isolde évoque l'univers de l'opéra. ***Tristan et Isolde***, est la première œuvre de Richard Wagner créée sous le patronage du roi Louis II de Bavière en 1859. Le chant d'amour d'Isolde est une des musiques les plus bouleversantes jamais composée et fait de ce prénom un bijou.

Caractère : calme, posée, équilibrée, son cœur peut s'enflammer subitement et elle se transforme alors en amoureuse passionnée et prête à tout.

Variante : Izild.

....

ne Joséphine Jeanne Joséphine Jeanne Joséphine Jeanne José

Jeanne

Fête le 30 mai

Origine : de l'hébreu *yehohanan* Dieu pardonne.

Histoire : Jeanne est un prénom d'héroïne. La plus célèbre de toutes, Jeanne d'Arc, est une véritable star. Jeune paysanne lorraine, elle entendit des voix la priant de libérer la France des Anglais et de sacrer le roi à Reims. Jeanne remporta de stupéfiantes victoires mais finit par être capturée par les Anglais et condamnée à mort.

Caractère : énergique, résistante et pleine d'entrain, elle est capable de réussir des prodiges. Son enthousiasme est communicatif.

....

Joséphine

Fête le 7 décembre

Origine : du grec *iôseph* : celui qui prolonge.

Histoire : Joséphine est un prénom impérial. Née dans les îles, l'élégante Joséphine de Beauharnais a épousé Napoléon 1er. Très aimée, elle se retira à la Malmaison, n'ayant pas pu donner d'héritier à Napoléon. Mais elle n'a pas été oubliée et son prénom n'a cessé de plaire à partir du XIXe siècle.

Caractère : gracieuse, féline, cultivée, elle aime la littérature, la musique, la peinture, la poésie et tout ce qui rend le monde plus beau.

Variante : Josépha.

....

el Lavinia Léonie Léopoldine Liane Livie Lorelei Lucrèce Lu

Lamiel

Fête le 2 octobre

Origine : du français *amie*.

Histoire : Lamiel est un prénom littéraire. *Lamiel* est la dernière grande fiction de Stendhal, restée inachevée à sa mort. Lamiel est une orpheline, adoptée par une famille normande, qui quitte son village pour Paris. Féministe avant l'heure, Lamiel est une femme libre qui fait scandale parce qu'elle trace sa propre route, elle finira par incendier un palais de justice… Lamiel est la moins connue des héroïnes de Stendhal, ce qui confère à ce prénom rare l'impression d'avoir découvert un trésor enfoui.

Caractère : déconcertante, libre, audacieuse, elle écoute peu les conseils et ne se fie qu'à sa propre vision du monde.

Variantes : Amiel.

....

Lavinia

Fête le 3 novembre

Origine : du grec Lavinia personnage de la mythologie romaine.

Histoire : Lavinia est la petite fille d'Ulysse. Désirée par Enée, à la tête de l'armée troyenne et par Turnus, roi des Rutules, la princesse Lavinia proposa un duel pour les départager Après un combat épique, Enée remporte la victoire et épousa Lavinia. C'est ainsi qu'elle participa à la fondation de Rome, selon l'*Enéïde*, le long poème épique de Virgile.

Caractère : décidée, fonceuse, ne reculant devant personne, cette bagarreuse a du punch et de l'énergie à revendre.

....

Léonie

Fête le 10 janvier

Origine : du latin *leo* lion.

Histoire : Léonie était apprécié au XIXe siècle et jusqu'à la Première Guerre mondiale. Dans les deux romans de Colette, ***Chéri*** et ***La Fin de Chéri***, Léonie Vallon est une grande cocotte qui s'est constituée une confortable rente grâce à ses charmes. Léonie nous revient aujourd'hui, bénéficiant de la mode des prénoms oubliés depuis un siècle.

Caractère : elle a l'éclat, le mordant, l'allure d'une petite lionne.

Variantes : Léontine, Léone, Léonille.

Léopoldine

Fête le 15 novembre

Origine : du germanique *leod* peuple et *bald* audacieux.

Histoire : Léopoldine est un prénom romantique. Léopoldine était la fille préférée de Victor Hugo. Elle se noya à 19 ans, avec son mari, dans la Seine à Villequier. Léopoldine inspira à son père un de ses plus émouvants poèmes ***Demain dès l'aube***. D'où un pic de popularité de ce prénom entre 1850 et 1920.

Caractère : proche de l'enfance dont elle a la nostalgie, rêveuse, elle est très à écoute son monde intérieur.

Liane

Fête le 22 mars

Origine : du latin *lea*, lionne.

Histoire : Liane est un prénom de la Belle Epoque. Jeune fille de très bonne famille, rien ne prédisposait Liane de Pougy à devenir une des icônes du Paris de la Belle Epoque. Elle décida de divorcer à 18 ans d'un mari brutal et de se lancer dans une carrière de danseuse de cabaret. Mondaine et complètement libérée, elle défraya la chronique en affichant sa liaison avec Nathalie Clifford Barney puis épousa un prince roumain désargenté.

Caractère : rebelle, anti-conformiste, cette incroyable beauté fait volontiers de la provocation car elle ne supporte aucun carcan.

Variantes : Léanne, Lia.

Livie

Fête le 25 septembre

Origine : du latin *Livia*, famille romaine réputée.

Histoire : Livie est un prénom de la Rome antique. Livia fut l'épouse d'Auguste et la mère de l'empereur Tibère. A l'époque classique, Corneille en a fait l'héroïne de sa pièce *Cinna*. Resté longtemps confidentiel, ce prénom se remet à chanter joliment à nos oreilles.

Caractère : elle possède une autorité naturelle, une grande lucidité et elle a suffisamment de confiance en elle pour ne pas se sentir atteinte par les critiques.

Variantes : Livia, Livio.

Lorelei

Fête le 19 octobre

Origine : du germanique *lürley* falaise.

Histoire : Loreleï est une sirène des pays nordiques. Blonde et magnétique, la sirène Lorelei faisait échouer les bateliers sur le rocher en les envoûtant par son chant. Magicienne, elle captivait le cœur de tous les hommes qui la regardaient.

Caractère : originale, novatrice, elle est attirée par les Beaux-Arts, la musique et les jardins.

Variantes : Lorelie, Laure.

....

Lucrèce

Fête le 15 mars

Origine : du latin Lucretius nom d'une famille romaine.

Histoire : Lucrèce est un prénom qui a du caractère. Aussi belle qu'intelligente, aussi séduisante qu'inflexible, Lucrèce Borgia, fille du Pape Alexandre VI, était une grande protectrice des arts, des sciences et des lettres. Son personnage inspira Victor Hugo qui créa la pièce ***Lucrèce Borgia*** en 1833. Lucrèce évoque les intrigues de palais à Florence, les poisons, le faste et l'esthétisme de la Renaissance italienne.

Caractère : elle aime cultiver son esprit. Sérieuse, perspicace, psychologue, avec ses pointes d'humour qui désarçonnent, cette fine-mouche sait toucher juste !

....

line Malvina Marceline Marguerite Marthe Mathilde Mélisan

Madeline

Fête le 22 juillet

Origine : de l'hébreux Magdala, village de Marie-Madeleine.

Histoire : Madeline est un dérivé de Madeleine. Marie-Madeleine est un magnifique personnage biblique. Prostituée célèbre, elle lava les pieds du Christ avec ses larmes, les sécha avec ses cheveux et les parfuma. Repentie, elle devint une fervente disciple de Jésus et fut la première à le voir et à lui parler après sa résurrection.

Caractère : parfois excessive mais toujours affectueuse, elle est tendre, dévouée et attentive aux besoins des autres.

Variantes : Magdalena, Madelon.

....

Malvina

Fête le 20 juillet

Origine : du gaélique *mala* sourcil et *minich* lisse, celle qui des sourcils lisses.

Histoire : Malvina est un prénom poétique. Le poète James Macpherson créa Malvina en 1750. L'empereur Napoléon 1er fut tellement séduit par ce recueil de poèmes celtiques qu'il lança la mode du prénom de son héroïne.

Caractère : elle aime chanter, apprendre à jouer de plusieurs instruments de musique et inventer des mélodies pleines de douceur et de mélancolie.

Variante : Melvina.

....

Marceline

Fête le 17 juillet

Origine : du grec ***martikos*** : consacré au dieu Mars.

Histoire : Marceline est un prénom poétique du XIXe siècle. C'est la poétesse Marceline Desbordes-Valmore qui déclencha un vrai engouement pour délicieux prénom. Elle débuta une carrière de comédienne à 16 ans puis se mit à écrire des poèmes élégiaques, spontanés et sincères, qui expriment avec grâce et mélancolie sa tristesse et ses peines de cœur.

Caractère : elle a un perpétuel besoin de surprise et de changement, du coup sa vie mouvementée n'est pas un long fleuve tranquille.

Variantes : Marceau, Marcelin.

Marguerite

Fête le 20 juillet

Origine : du latin ***margarita*** : perle, pierre précieuse.

Histoire : Marguerite est un prénom royal. Marguerite de Valois, appelée la reine Margot par son frère le roi Charles IX, épousa Henri de Navarre, le futur Henri IV, la veille de la Saint-Barthélemy. Une autre Marguerite œuvra pour la gloire de ce prénom, Marguerite Gautier, la célèbre dame aux camélias, du roman d'Alexandre Dumas fils, publié en 1848

Caractère : romantique, passionnée, cette femme-enfant qui aime être choyée et entourée d'admirateurs, est prête à tout pour défendre son idéal.

Marthe

Fête le 29 juillet

Origine : de l'araméen ***marta*** dame, maîtresse.

Histoire : Marthe est un prénom biblique. Sœur de Lazare et de Marie-Madeleine, Marthe prépare un repas lorsque Jésus entre dans leur maison. Plus tard, Marthe débarque en Provence pour évangéliser Tarascon et réalise un prodige : elle tue la Tarasque, un dragon qui ravageait la région. Appréciée de 1880 à 1920, Marthe mérite bien son retour en grâce.

Caractère : patiente, sérieuse, généreuse, elle a le sens de la famille et apprécie les grandes tablées où ses talents de cuisinière font merveille.

Variante : Martha.

....

Mathilde

Fête le 14 mars

Origine : du germanique ***maht*** puissance et ***hild*** combat.

Histoire : Mathilde est un prénom médiéval. C'est la reine Mathilde de Flandre, épouse de Guillaume le Conquérant qui réalisa la célèbre tapisserie de Bayeux qu'on admire encore aujourd'hui.

Caractère : volontaire et active, elle est soucieuse de perfection dans ses réalisations. Elle est équilibrée et on peut compter sur elle.

Variantes : Mahaut, Maud, Mathilda.

....

Mélisande

Fête le 26 janvier

Origine : du germanique *amal* roi et *swintha* énergique.

Histoire : Mélisande est un prénom de conte de fées. Le drame de Maeterlink *Pelléas* et *Mélisande* puis l'opéra de Claude Debussy en 1902 firent sa notoriété. Au cœur de la forêt, Golaud découvre la très jeune et très belle Mélisande et l'épouse. Mais Mélisande tombe amoureuse de Pelléas, le demi-frère de Golaud. Fou de jalousie Golaud provoquera la mort de Mélisande.

Caractère : mystérieuse, énigmatique, elle ne dévoile pas facilement ce qu'elle ressent. Entière et fidèle, quand elle se donne à son âme soeur, c'est pour toujours.

Variantes : Mélissandre, Méline, Millicent

Mélusine

Fête le 12 février

Origine : du latin *mater lucina* qui met les enfants au monde.

Histoire : Mélusine est le nom d'une fée. Au XIIIe siècle, Mélusine était une belle femme six jours de la semaine et une femme serpent le samedi. Un homme tomba amoureux d'elle, elle accepta de l'épouser et de vivre avec lui à condition qu'il ne cherche pas à la regarder le samedi quand elle se baigne avec sa queue de serpent. Curieux, son mari l'observa et découvrit son secret. La fée Mélusine construisit le château de Lusignan en une nuit et retourna alors dans le monde surnaturel.

Caractère : attirante et racée, elle a un caractère bien trempé, de l'optimisme et de la chance à revendre.

Minerve

Fête le 25 mai

Origine : du latin Minerva nom de la déesse romaine.

Histoire : Minerve est un prénom de la mythologie. Déesse de l'intelligence, de la sagesse et de la guerre, Minerve est sortie adulte, casquée et en armes, du front de son père, Zeus. Elle combattit les Titans et Neptune, armée de son casque, d'un bouclier orné de la tête de Méduse, d'une lance et de son emblème, la chouette. Restée vierge, Minerve préférait rétablir la paix que faire la guerre.

Caractère : alliant la beauté classique à une grande distinction, elle suscite les regards et l'admiration. Parfois impressionnante par sa réserve, elle sait pourtant faire preuve de chaleur et de simplicité.

Variante : Minerva.

....

Mireille

Fête le 15 août

Origine : latin *miracula* prodige.

Histoire : Mireille évoque le soleil du midi, les arènes d'Arles, le pèlerinage aux Saintes Maries, la lavande et les cigales. En 1861, le poète Mistral inventa le personnage de Mireille. Dès 1864, le compositeur Charles Gounod tomba sous le charme de Mireille et en fit un célèbre opéra.

Caractère : simple, rieuse et droite, sa fraîcheur et son espièglerie font craquer tous ceux qui la rencontrent.

....

Myra

Fête le 9 novembre

Origine : inventé par le poète anglais Fulke Greville au XVIe siècle.

Histoire : Myra est un prénom poétique. La façon dont Greville a imaginé ce prénom est restée une énigme que le poète lui-même encourageait à déchiffrer. Myra a peut-être été formé à partir de *myrrha* la myrrhe précieuse résine parfumée offerte par les rois mages ou à partir du verbe *admirare* admirer ou c'est peut-être un dérivé de Myriam. Quoiqu'il en soit, Myra a eu un grand succès à partir de l'époque romantique.

Caractère : secrète, elle a un goût prononcé pour l'ésotérisme et l'irrationnel. Elle possède le don de découvrir la vérité des êtres derrière l'apparence qu'ils veulent donner d'eux-mêmes.

Myrtille

Fête le 17 avril

Origine : du grec *murtos* : myrte.

Histoire : Myrtille est un prénom révolutionnaire. Le myrte était l'un des symboles de la victoire et ce végétal était très populaire chez les Grecs anciens. Le calendrier révolutionnaire de 1793 a fait de ce nom de fruit un prénom et a lancé la vogue des Myrtille pour célébrer la victoire des sans-culottes.

Caractère : souriante, pétillante, malicieuse, elle apporte de la bonne humeur et de la joie dans la maison.

Variante : Myrtle.

dja Naïs Nina Norma Nadja Naïs Nina Norma Nadja Naïs

Nadja

Fête le 18 septembre

Origine : du russe *nadejda* : espérance.

Histoire : Nadja est un prénom poétique. Au début du XXe la mode des ballets russes de Diaghilev fit découvrir ce prénom. Puis le récit *Nadja* d'André Breton publié en 1928, va augmenter l'attrait pour cette héroïne qui manifeste des dons de voyance et raconte des histoires aussi belles qu'incompréhensibles. Nadja a fasciné les surréalistes des années trente, elle nous fascine toujours.

Caractère : mystérieuse, elle peut sembler froide et lointaine quand on ne la connaît pas mais en réalité, c'est le feu sous la glace...

Variante : Nadège.

....

Naïs

Fête le 26 juillet

Origine : de l'hébreu *hannah* grâce.

Histoire : Naïs est une nymphe de la mythologie. Aimée de Neptune, le dieu de la mer qui a donné son nom aux Naïades, la nymphe Naïs inspira à Jean-Philippe Rameau un somptueux opéra ballet. Naïs plut tellement que ce prénom gagna les cœurs dès sa création, au XVIIIe siècle.

Caractère : personne ne résiste à son charme et à sa gentillesse. Coquine, câline, tendre, sa douceur ne l'empêche pas d'avoir de l'aplomb et du punch.

Variante : Anaïs.

....

Nina

Fête le 14 janvier

Origine : du russe Antonina.

Histoire : Nina est un prénom qui a l'âme slave. Une jeune esclave de Georgie appelée Nina réussit à guérir un enfant par ses prières. Apprenant ce prodige, le roi la conduisit auprès de la reine à l'agonie et elle retrouva la santé. Pour sa récompense, Nina demanda à devenir chrétienne. Nina est aussi l'héroïne émouvante de la pièce de Tchékhov *Les Mouettes*, ce qui donne à ce prénom un parfum de nostalgie de l'ancienne Russie.

Caractère : volcanique, c'est un véritable torrent d'énergie. Elle a besoin d'être stimulée par la compétition pour développer tous ses dons.

Variantes : Ninon, Nine, Nino.

....

Norma

Fête le 26 décembre

Origine : du latin *norma* modèle.

Histoire : Norma est l'héroïne de l'opéra de Vincenzo Bellini, créé en 1831. Grande prêtresse gauloise, Norma a rompu en cachette ses voeux de chasteté et eu deux enfants de Pollione. Mais elle découvre que celui-ci est amoureux d'une jeune prêtresse. Norma le supplie de lui revenir mais il refuse. Désespérée, elle avouera sa faute et en mourra. *Casta diva*, la célèbre aria de Norma, est la plus belle invocation mystique à la lune jamais chantée.

Caractère : elle a du tempérament et une bonne dose de détermination et quand elle veut quelque chose elle finit par l'obtenir.

....

vie Odette Olympe Ondine Ophélia Octavie Odette Olympe Octa

Octavie

Fête le 20 novembre

Origine : du latin *Octavia*, célèbre famille patricienne.

Histoire : Octavie est un prénom de la Rome antique. Fille de l'empereur Claude et de l'impératrice Messaline, Octavie fut la première femme de Néron. Il la répudia pour épouser l'intrigante Poppée.

Caractère : équilibrée, zen, elle est à la recherche de l'harmonie. Sa noblesse naturelle et sa hauteur de vue suscitent le respect.

Variantes : Octave, Octavien.

....

Odette

Fête le 20 avril

Origine : du germanique *odal* richesse, patrimoine.

Histoire : Odette est un prénom médiéval. Odette de Brabant avait prononcé le vœu de chasteté et souhaitait devenir religieuse. Quand ses parents voulurent lui imposer de se marier à un noble seigneur qu'ils avaient choisi, elle se coupa le nez et fut refusée par le fiancé. Elle se retira dans un monastère. Mais c'est l'étonnante et lumineuse Odette Swann, la dame en rose de Marcel Proust, qui rend ce prénom enchanteur encore aujourd'hui.

Caractère : elle possède le sang-froid qui lui permet de dompter sa grande émotivité.Son intuition qui confine à la voyance la rend perspicace, on ne peut rien lui cacher, elle sent les choses et les gens.

Variantes : Othilie, Odilon.

....

Olympe

Fête le 17 décembre

Origine : du grec *Olympos* le mont Olympe, le séjour des Dieux.

Histoire : Olympe est un prénom précieux. Très en vogue à la Renaissance parmi les précieuses, Olympe de Gouges, star des cercles littéraires et intellectuels a fait la gloire de son prénom au XVIIIe siècle. Première féministe française, Olympe critique le mariage et l'esclavage, défend la liberté d'expression et l'égalité des sexes dans sa déclaration des droits de la femme et de la citoyenne en 1791. Olympe a bouleversé le XIXe siècle grâce au tableau *Olympia* de Manet. Cette toile aux contrastes violents représentant une femme nue et alanguie, avec pour seule parure un collier fait d'un ruban, est devenue culte.

Caractère : son esprit d'avant-garde et son horreur de l'injustice fait qu'elle s'investit dans la lutte pour les opprimés et la défense des minorités.

Variante : Olympia.

Ondine

Fête le 11 octobre

Origine : du latin *unda* eau courante, flots.

Histoire : Ondine est une nymphe des eaux. Ramenée dans ses filets par un pêcheur, la ravissante sirène Ondine devient pour lui un porte bonheur synonyme de pêche miraculeuse. Ondine rencontre le chevalier Hildebrand qui l'épouse. Mais trop peu aimée, mal comprise, elle retourne dans le monde des eaux. La pièce de Jean Giraudoux en 1939, fit un triomphe à Ondine.

Caractère : rêveuse, imaginative, délicate, elle peut aussi se montrer dynamique et entreprenante quand elle est motivée par les sentiments.

Ophélia

Fête le 6 juin

Origine : du grec *ôphelia* secours.

Histoire : Ophélia est un prénom théâtral. Fiancée d'Hamlet dans la pièce de Shakespeare, la douce et pure Ophélie ne comprend pas la quête de la vérité de celui qu'elle aime. Désespérée, comprenant qu'il ne l'aimera jamais, la blanche Ophélia se noie dans une rivière.

Caractère : elle ne supporte pas la solitude, l'isolement. Tant qu'elle est entourée et choyée, elle est invulnérable et donne généreusement de son temps et de ses ressources.

Variantes : Ophélien, Lélia, Lélio.

....

na Pandora Pélagie Pénélope Pétronille Phèdre Philomène Phoeb

Paloma

Fête le 19 avril

Origine : de l'espagnol *paloma* colombe.

Histoire : Paloma est un prénom d'artiste. Fille du peintre Picasso, Paloma posa pour plusieurs œuvres de son père *Paloma avec orange* ou *Paloma en bleu*. La beauté de ces tableaux propulsa Paloma au premier plan de la notoriété publique. Plus tard elle devint une égérie de la mode, créa des parfums, des bijoux et une ligne de robes du soir, hyper féminines et sexy, comme elle.

Caractère : son assurance, sa beauté sculpturale, lui donnent des allures de femme fatale. Mais derrière cette séduction apparente se cache des talents de redoutable femme d'affaires.

Pandora

Fête le 10 septembre

Origine : du grec *panta dôra* celle qui a tous les dons.

Histoire : Pandore est un prénom de la mythologie grecque. Pandora fut créée par Zeus qui voulait se venger des hommes pour le vol du feu par Prométhée. Zeus lui avait confié une jarre mystérieuse qu'elle ne devait ouvrir sous aucun prétexte. Curieuse, elle ouvrit la boîte de Pandore qui contenait tous les maux de l'humanité. Elle voulut la refermer, mais trop tard, la vieillesse, la maladie, la guerre, la famine, la misère, la folie, la tromperie, le vice et la passion se répandirent sur la terre. Seule l'espérance resta enfermée dans la jarre.

Caractère : elle possède un sens aigu de la justice et réagit vigoureusement en cas d'iniquité, autant pour elle-même que pour défendre ses amis et ses frères et sœurs.

Variante : Pandore.

Pélagie

Fête le 8 octobre

Origine : du grec *pelagos* la haute mer.

Histoire : Pélagie est un prénom de la mythologie grecque. Pelagia était un des surnoms d'Aphrodite, la déesse de l'amour. Au début de l'ère chrétienne, Pélagie était une prostituée de luxe qui, convertie par un évêque, se serait retirée aux pieds du mont des Oliviers où elle vécut en ermite. Au XIXe siècle Pélagie était très prisée et elle nous revient aujourd'hui, avec toujours autant de charme.

Caractère : romanesque, elle se réfugie souvent dans son imaginaire. Rêvant à une destinée pleine d'aventure, elle a du mal à se plier aux contingences du quotidien qu'elle trouve trop matérialistes et banales.

....

Pénélope

Fête le 18 août

Origine : du grec *péné* bobine de fil à tisser.

Histoire : Pénélope est l'héroïne de l'*Odyssée* d'Homère. Fille d'une nymphe, Pénélope est la femme d'Ulysse, qui refusa l'immortalité et la jeunesse éternelle pour le retrouver. Sans nouvelles d'Ulysse, les nobles de l'île d'Itaque voulurent la forcer à choisir un nouvel époux quand son ouvrage serait terminé. Ingénieuse, Pénélope détricotait la nuit ce qu'elle avait tissé le jour. Son ouvrage n'étant jamais terminé, elle resta fidèle à son mari absent pendant vingt ans.

Caractère : fidèle et passionnée, elle s'attache à un seul homme pour toute la vie. Très sollicitée et entourée, elle ne néglige pas les jeux de séduction mais c'est juste une façon de se rassurer sur son pouvoir de plaire.

....

Pétronille

Fête le 31 mai

Origine: du grec *petros* pierre, rocher.

Histoire: Pétronille est un prénom chrétien. Servante de saint Pierre au Ier siècle, Pétronille séduisit le noble romain Flaccus qui la demanda en mariage. Mais la jeune fille voulait consacrer sa virginité à Dieu et refusa. Flaccus lui accorda trois jours pour changer d'avis. Pétronille pria et jeûna et Dieu la rappela à lui. A son retour Flaccus ne put qu'assister à ses funérailles. Très admirée par Charlemagne, sainte Pétronille est devenue la patronne des rois de France.

Caractère: sa gaîté, sa joie de vivre, son dynamisme créent autour d'elle un courant de sympathie. Elle aime l'improvisation, les surprises, la fête et les bons petits plats.

Variantes: Pernelle, Perrine

....

Phèdre

Fête le 20 août

Origine: du grec *phaïdra* brillante.

Histoire: Phèdre est un prénom de théâtre. C'est Racine qui lança Phèdre à l'époque classique. Epouse du roi Thésée, Phèdre tombe amoureuse de son beau-fils, Hippolyte. Repoussée par celui-ci Phèdre se venge en accusant le jeune homme de lui avoir fait des avances explicites. Furieux, Thésée lance sur son fils la malédiction de Poséïdon. Accablée de remords, Phèdre révèle la vérité et avale du poison.

Caractère: passionnée, entière, elle a de grandes attentes et ne se satisfait pas d'une vie moyenne. Exigeante, elle préfère être seule que mal accompagnée et met à profit ses périodes de solitude pour réfléchir, s'améliorer, évoluer.

....

Philomène

Fête le 10 août

Origine : du grec *philos* ami et *mêla* pomme.

Histoire : Philomène est un prénom symbole d'amour. Dans la mythologie, Philomène fut une jeune fille transformée en rossignol. Philomène fut ensuite une sainte qui avait le pouvoir de guérir les plus malades.

Caractère : généreuse, altruiste, dévouée, elle est de celles qui préfèrent donner que recevoir, et aimer qu'être aimée.

Phoebe

Fête le 13 janvier

Origine : du grec *phoibois* brillant.

Histoire : Phoebe est une divinité essentielle de la mythologie. Phoebe à la couronne d'or est une Titanide, fille de Gaia (la Terre) et Ouranos (le Ciel). Déesse de la lune, Phoebe, l'autre nom d'Artémis, est la sœur jumelle de Phoebus, le dieu du soleil. Phoebe est aussi le nom d'une bergère qui épouse un prince dans les contes qu'on se racontait à la veillée jadis…

Caractère : brillante, intelligente, elle fait sensation partout où elle passe et elle est promise au meilleur, à l'ascension sociale, à la réussite.

Variante : Phoebus.

Prudence

Fête le 6 mai

Origine : du latin ***providens*** prévoyant.

Histoire : Prudence est un prénom médiéval. Théologien important, Prudence a fait de nombreux adeptes et ses idées sur la prédestination furent adoptées plus tard par les Jansénistes. Très côté au Moyen Âge Prudence a connu un franc succès en Angleterre et chez les pionniers américains. Elle réapparaît aujourd'hui et c'est tant mieux.

Caractère : délicate comme une timide violette, charmante et enjouée, elle est à la fois pleine de douceur et de détermination.

ine Rébecca Rosaline Rébecca Rosaline Rébecca Rosaline Rébec

Rébecca

Fête le 23 mars

Origine : de l'hébreu ***ribka*** liée.

Histoire : Rebecca est un prénom biblique. Belle et généreuse, Rebecca épousa Isaac, fils d'Abraham. Longtemps restée stérile, elle tomba enceinte de deux jumeaux qui se battaient en son sein. Dieu lui prédit que deux nations seraient issues de ces deux garçons, Esaü et Jacob. Plus près de nous, la mystérieuse Rebecca du roman de Daphné du Maurier, publié en 1938, redonna du peps et de l'attrait à ce très vieux prénom.

Caractère : loyale et fidèle, elle a la réputation d'être la droiture même, en amitié comme en amour, dans la vie privée comme dans la vie professionnelle.

....

Rosalinde

Fête le 17 janvier

Origine : du latin ***rosa*** rose et ***limpida*** pure.

Histoire : Rosalinde est un prénom médiéval. Enfant, Rosalinde volait du pain qu'elle apportait aux pauvres. Surprise par ses parents, elle nia et les morceaux de pain se transformèrent en roses pour l'innocenter. La légende raconte qu'un buisson de roses a fleuri sur sa tombe en 1250.

Caractère : pure, émotive, elle fonctionne davantage à l'affectif qu'à la raison. Elle a besoin de spiritualité pour s'épanouir et donner un sens à sa vie qui ne soit pas matérialiste.

Variantes : Roselinde, Rosaline, Rosalie, Rose, Rosemonde.

....

né Sapho Séléné Sibylle Suzanne Salomé Sapho Séléné Sa

Salomé

Fête le 22 octobre

Origine : de l'hébreu *chalôm*, paix.

Histoire : Salomé est un prénom biblique. La plus illustre des Salomé est une princesse juive qui effectua à demi nue la danse des sept voiles devant le roi Hérode. Pour se venger d'avoir été dédaignée par saint Jean-Baptiste, Salomé exigea en échange de sa danse voluptueuse qu'on lui apporte sa tête sur un plateau.

Caractère : consciente de sa beauté et de son pouvoir de séduction, elle peut avoir parfois une attitude hautaine et se montrer capricieuse et exigeante. Mais elle peut aussi faire preuve de courage et venir en aide à ceux de sa famille qui ont besoin d'elle.

....

Sapho

Fête le 28 juin

Origine : du grec « Sapphô », poétesse.

Histoire : Sapho est un prénom poétique. Sapho était une poétesse grecque de l'Antiquité qui a vécu à Mytilène sur l'île de Lesbos, au VIIe siècle avant J.-C. Son amour pour les femmes est clairement lisible dans certains de ses poèmes et son prénom a donné naissance au mot « saphisme ». Sapho est devenue l'égérie des hommes et des femmes qui revendiquent le droit d'aimer librement.

Caractère : très attentive aux évolutions de la mode, elle fait très attention à son look. Elle aime qu'on la regarde et cultive un art certain de la provocation. Elle se sent parfaitement égale aux hommes et capable de faire tous les métiers traditionnellement masculins. Ce n'est pas une femme d'intérieur idéale. Bref c'est un sacré tempérament, craquante mais difficile à dompter !

....

Séléné

Fête le 25 septembre

Origine : du grec « Selênê » déesse de la lune.

Histoire : Séléné est la déesse de la lune dans la mythologie grecque. Belle femme au visage d'une blancheur étincelante, Séléné est la sœur du soleil. Avant son arrivée régnait la violence de la nuit. Elle luit d'une douce lumière argentée pendant qu'elle voyage à travers les cieux et rend la nuit douce et apaisée. Elle tomba amoureuse d'un jeune et beau berger, qu'elle plongea dans un sommeil éternel pour qu'il conserve sa beauté.

Caractère : rapide, décidée, elle a une énergie inépuisable. Elle aime les sports qui mettent son corps musclé à rude épreuve comme l'alpinisme ou la randonnée dans les grands espaces vierges où elle se rend seule car elle n'a peur de rien.

....

Sibylle

Fête le 9 octobre

Origine : du grec *sibylla*, prophétesse.

Histoire : Sybille est un prénom célèbre de la Grèce antique. La Sybille de Cumes fut une prophétesse reconnue qui prédisait l'avenir à travers ses oracles. Elle aida Enée à rencontrer l'esprit de son père dans le monde souterrain. Sybille offrit à l'empereur Tarquin, l'avenir de Rome qui était consigné dans les trois livres sibyllins.

Caractère : son regard mystérieux d'une profondeur insondable est une arme de séduction absolue. Elle intrigue, elle étonne, elle dérange parfois par son incroyable perspicacité, mais elle ne laisse jamais indifférent.

....

Suzanne

Fête le 11 août

Origine : de l'hébreu ***shushân***, lys.

Histoire : Suzanne est un prénom biblique. La chaste Suzanne, très belle et très vertueuse, fut injustement accusée d'adultère par deux sages du peuple d'Israël dont elle avait repoussé les avances. Daniel enquêta et rétablit son innocence.

Caractère : elle a la fibre maternelle très développée et elle se donne corps et âme à ses enfants. Ne faisant rien à moitié, elle se montre parfois possessive et ceux qu'elle aime se sentent un peu étouffés, surtout ses enfants. Au fond d'elle-même, elle a du mal à accepter de les voir grandir et acquérir de l'indépendance.

Variantes : Suzon.

ara Thaïs Thalie Thelma Théodora Tamara Thaïs Thalie Thelma

Tamara

Fête le 1er mai

Origine : de l'hébreu *thâmâr*, palmier, dattier.

Histoire : Tamara est un prénom russe. Reine de Georgie, Tamara a fait beaucoup pour les pauvres de son pays et elle est vénérée à l'égal de la Vierge Marie en Russie. Une autre Tamara a fait parler d'elle dans le monde entier, Tamara de Lempicka, une artiste peintre talentueuse et avant-gardiste dont les tableaux art déco ont fait les délices des années folles.

Caractère : vive, curieuse, elle s'intéresse toujours à quelqu'un ou à quelque chose. Impulsive, elle est plus à l'aise dans la réalisation des projets à court terme. Elle joue en permanence, même avec les sujets sérieux. Son caractère est double, c'est Jean qui pleure et Jean qui rit.

Thaïs

Fête le 8 octobre

Origine : du grec *thaïs* ruban.

Histoire : Thaïs est un prénom littéraire. Le roman d'Anatole France *Thaïs* puis l'opéra de Jules Massenet enchantèrent la fin du XIXe siècle en racontant l'histoire de Thaïs, courtisane repentie. Thaïs était l'hétaïre d'Alexandre le Grand. Les hétaïres étaient des femmes cultivées et belles dont le rôle était de satisfaire tous les plaisirs des hommes, l'équivalent des geishas au Japon. Thaïs rencontra un vieux moine qui la convainquit de renoncer à sa vie facile pour gagner la vie éternelle. Une fois convertie, elle brûla tous ses biens et se retira dans un monastère pour expier.

Caractère : sage, équilibrée et raisonnable elle n'agit jamais sans réfléchir. Elle déteste l'incertitude et la confusion. Son côté sérieux habituel est contrebalancé par des moments d'extravagance et de spontanéité où elle laisse s'exprimer d'autres aspects de sa personnalité.

Thalie

Fête le 27 juillet

Origine : du grec *thâleia*, la joyeuse, la florissante.

Histoire : Thalie est une muse de l'Antiquité grecque. Thalie est la Muse de la comédie et de la poésie légère. Elle fait partie des neuf muses, filles de la Terre et du Ciel. Thalie et ses sœurs sont nées les neuf nuits où Zeus s'unit à Mémoire qui enfanta neuf filles de même souffle.

Caractère : impulsive, courageuse, débrouillarde, elle aime explorer et elle est toujours en quête d'activités nouvelles. Féminine, elle a un grand pouvoir de séduction.

Variantes : Athalie, Thalia.

Thelma

Fête le 24 septembre

Origine : du grec *thelêma* désir.

Histoire : Thelma est un prénom littéraire. C'est l'écrivain Marie Corelli qui inventa Thelma en 1887. C'est ainsi qu'elle appela l'héroïne de son roman, jeune beauté venant de Norvège. Thelma s'inspire de Thélème, l'abbaye idéale imaginée par Rabelais dans son roman *Gargantua* dont la devise est « *Fay ce que vouldras* ».

Caractère : sensible, généreuse, pleine de charme, elle extériorise peu ses sentiments et est très influencée par l'humeur de ses proches. Sa créativité a besoin d'un cadre protecteur et chaleureux pour s'exprimer. Romantique, elle aime rêver en se promenant dans la nature et apprécie la compagnie des animaux.

Théodora

Fête le 9 novembre

Origine : du grec *theos*, dieu et *dôron*, don.

Histoire : Théodora est un prénom impérial. Ancienne danseuse, Théodora a épousé l'empereur de Byzance, Justinien. Devenue impératrice, elle s'opposa à l'aristocratie et aux généraux, hostiles aux réformes qu'elle inspira à Justinien. Usant de son pouvoir pour rétablir le culte des images et soutenir la religion chrétienne. Elle termina sa vie enfermée dans un couvent par son fils auquel elle s'opposait. Théodora, fréquent à la Renaissance, mérite de retrouver sa place d'honneur.

Caractère : volontaire, parfois même entêtée, elle sait se faire pardonner et faire oublier ses accès de mauvaise humeur par une tendresse et une gentillesse jamais en défaut.

Variante : Théodore.

e Urbane Ursule Urbane Ursule Urbane Ursule Urbane Ursul

Ursule

Fête le 21 octobre

Origine : du latin *ursa*, ourse.

Histoire : Ursule est un prénom médiéval. De retour d'un pèlerinage à Rome, la princesse de Grande-Bretagne Ursule et les onze mille vierges qui l'accompagnaient furent attaquées par les Huns à Cologne. Fort heureusement pour Ursule, les agresseurs furent mis en déroute par une armée d'anges.

Caractère : d'un caractère dominant, elle se reconnaît à son allure altière. Fière, elle aime se mettre en valeur et mieux vaut ne pas offenser son amour-propre. Elle n'admet pas l'injustice et la droiture domine tous ses actes.

Variante : Ursuline.

....

Urbane

Fête le 24 mai

Origine : du latin *urbanus* qui vient de la ville.

Histoire : Urbane est un prénom des premiers temps du christianisme dérivé d'Urbain. La vie d'Urbain 1er est légendaire. Urbain réussit à convertir un jeune homme fortuné, fiancé de sainte Cécile, et distribua sa fortune aux nécessiteux. Sommé de rendre l'argent, Urbain répondit qu'il l'avait donné au ciel. Sa boutade ne plut pas et il fut condamné à mort.

Caractère : courtoise et discrète, elle a la passion de l'équilibre. D'un naturel calme, posé, elle réfléchit longuement pour peser le pour ou le contre avant de prendre une décision. L'agressivité lui fait peur, elle a besoin de douceur. C'est une confidente née qui sait écouter les autres et les comprendre.

Variantes : Urbain, Urbanie.

....

a Véra Violette Wanda Vénus Véra Violette Wanda Vénus Véra

Vénus

Fête le 14 février

Origine : du sanscrit ***vanas***, charme.

Histoire : Vénus était la déesse de l'amour et de la beauté dans la mythologie romaine. Épouse de Mars, le dieu de la guerre, Vénus eut de nombreuses aventures extraconjugales tant elle était belle. Ses colères et ses vengeances étaient redoutées. Provoquant l'enlèvement de la Troyenne Hélène par le grec Pâris, elle fut responsable de la terrible guerre de Troie. Au cours de cette guerre, Vénus sera légèrement blessée par le héros grec Diomède en portant secours à son fils Enée.

Caractère : perfectionniste, elle cherche à optimiser les choses, que ce soit dans le domaine professionnel, personnel, amoureux, familial. Cérébrale, elle se méfie de la spontanéité et préfère bien réfléchir avant d'agir. Pour elle, l'esprit et la culture passent avant le corps et les sentiments : c'est une des clefs essentielles pour la comprendre.

Véra

Fête le 18 septembre

Origine : du russe ***vera***, foi.

Histoire : Véra est un prénom mystique. Sous le règne de l'empereur Hadrien, au IIe siècle de notre ère, Vera (Foi), ses deux sœurs Nadège (Espérance) et Liubbe (Charité) ainsi que leur mère Sophie (Sagesse) subirent le martyre. Véra s'est fait connaître en France au XIXe siècle avec la vogue des romans russes, par exemple ***Un héros de notre temps*** de Lermontov publié en 1840.

Caractère : vraie, sincère, loyale, on remarque d'emblée sa beauté physique et la beauté de son âme. Possédant une grande confiance en elle et du charisme, elle suscite le respect de son entourage. Bref, partout où elle passe, elle prend la vedette !

Variantes : Vérena.

Violette

Fête le 5 octobre

Origine : du latin *viola*, violette.

Histoire : Violette est un prénom de l'Antiquité. Violetta s'est fait connaître en France par les comédies italiennes, elle y était un personnage charmant et léger comme Colombine. Mais c'est l'opéra de Verdi *La Traviata* créé en 1853 qui la rendit célèbre. Violetta est une courtisane capable de tous les sacrifices pour Alfredo, l'homme qu'elle aime. Elle incarne le triomphe de l'amour et de la pureté des sentiments sur l'argent et l'arrivisme.

Caractère : quoique symbole de la timidité, elle allie le bleu de l'intelligence pénétrante au rouge des réalisations de la vie. Capable d'entreprendre et de créer sa petite entreprise, elle ne manque ni de courage ni de projets. Son imagination fertile lui permet d'avoir de bonnes idées et de les réaliser, en évitant de prendre des risques. Secrète, elle ne se dévoile que lorsque la confiance est là.

Variantes : Viola, Violaine.

Wanda

Fête le 2 mai

Origine : du germanique *wende*, changement, commencement d'une nouvelle époque.

Histoire : Wanda est un prénom de princesse. Dans le folklore polonais, Wanda était une princesse qui combattit les Vandales avec un courage exemplaire. Très à la mode dans les années 1900-1920, Wanda a donné son nom à une orchidée rare, symbole de féminité, de sagesse, de beauté et de pureté spirituelle pour les Chinois.

Caractère : particulièrement sensible aux valeurs de l'amitié, elle aime le travail en équipe et les grandes tablées de copains. Idéaliste, elle se sent solidaire de la planète et peut s'engager dans des associations de défense de l'environnement ou des œuvres caritatives.

sé Yseult Zazie Zelda Zélie Zoé Ysé Yseult Zazie Zelda Zélie

Ysé

Fête le 22 février

Origine : de l'hébreu ***elisheba*** : mon dieu est serment.

Histoire : Ysé est un prénom théâtral. C'est Paul Claudel qui inventa Ysé en 1906, dans sa pièce ***Le Partage de midi***. Son Ysé aux longs cheveux évoque Yseult aux blonds cheveux. Mais Ysé renvoie aussi au sanctuaire shintoïste d'Ise au Japon que Paul Claudel adorait

Caractère : elle a beaucoup de force de caractère, de tempérament et d'éclat. Elle rayonne et attire tous les regards. Sa féminité assumée ne l'empêche pas d'être en quête de spiritualité et ce mélange détonant est irrésistible.

Variante : Issoline.

....

Yseult

Fête le 17 juin

Origine : du celte *esyllt* : agréable à regarder

Histoire : Yseult est un prénom de légende. Yseult la blonde doit épouser le roi Marc et Tristan, son neveu, part la chercher en Irlande. Sur le bateau du retour, les deux jeunes gens boivent par erreur un filtre d'amour, destiné au roi. Pour oublier Yseult la blonde, destinée au roi Marc, Tristan épouse Yseult aux blanches mains. Grièvement blessé, il attend Yseult la blonde qui doit revenir sur une nef à voile blanche mais l'autre Yseult, sa femme légitime, lui affirme que le navire en vue a une voile noire. Tristan en meurt de chagrin.

Caractère : élancée, gracieuse, son regard un peu naïf lui donne un grand pouvoir de séduction. Elle s'habille avec beaucoup de goût et elle possède un sens de l'esthétique très développé qui fait merveille dans la décoration, le stylisme.

Variante : Ysild.

....

Zazie

Fête le 2 juin

Origine : personnage de Raymond Queneau.

Histoire : Zazie est un prénom littéraire. C'est Raymond Queneau qui a inventé Zazie, jeune provinciale de douze ans aux manières délurées, impatiente de connaître le métro parisien. À la grande déception de Zazie, le métro est fermé pour cause de grève. C'est le début des aventures parisiennes de Zazie, aussi drôles que rocambolesques. Sans complexe, audacieuse, arrogante, impolie et insoumise, Zazie incarne l'ingénuité d'une jeunesse qui a soif d'apprendre, et de comprendre le monde.

Caractère : énergique, enthousiaste, son optimisme communicatif vient à bout de tous les obstacles. Il est difficile de lui tenir tête face à sa détermination qui emporte tout comme un ouragan. De là à ne pas faire assez de cas des opinions et des désirs des autres, il n'y a qu'un pas qu'il est essentiel de ne pas franchir sous peine de déplaire…

Zelda

Fête le 27 avril

Origine : du grec ***zêta***, la sixième lettre de l'alphabet grec.

Histoire : Zelda est un prénom littéraire. C'est la femme de l'écrivain F. Scott Fitzgerald qui rendit ce prénom célèbre. Elle fut une icône des années vingt, surnommée la première garçonne américaine par son mari. La presse américaine vit ce couple comme l'incarnation de l'âge d'or des années Jazz : jeunes, riches, beaux et célèbres. Zelda est une source d'inspiration permanente pour son mari. Dans le best-seller ***Tendre est la nuit*** le personnage de Nicole Diver est la transposition exacte de Zelda.

Caractère : sa caractéristique première, c'est son indépendance. Volontaire, elle n'est pas prête à sacrifier sa sacro-sainte liberté ! Sa vie sentimentale est mouvementée, elle ne s'attache pas facilement et ne supporte ni la jalousie ni la possessivité. Aussi belle et légère qu'un oiseau, dès qu'on veut la mettre en cage, elle s'envole.

Zélie

Fête le 22 novembre

Origine : du grec *zêlos* : brulânt, ardent

Histoire : Zélie est un dérivé de Zelos, divinité grecque. Dans la mythologie, Zélos est un dieu personnifiant le zèle et la rivalité. Fils du titan Pallas et de Styx, il fait partie des divinités importantes proches de Zeus avec Niké (la victoire), Cratos (la puissance) et Bia (la force). Zélie était un prénom très présent au XIXe siècle, on la retrouve dans le roman de Balzac *Les Petits Bourgeois*. Zélie et ses sonorités douces font aujourd'hui un come-back mérité.

Caractère : elle possède une force de caractère indéniable qui peut la mener loin. Elle a beaucoup d'ambition et se donne des moyens exceptionnels pour réussir. Sociable, son humour fait mouche et elle est toujours la star des réunions de famille ou professionnelles. Son seul point d'ombre, sa jalousie, qu'elle doit dompter pour ne pas perdre son énergie inutilement.

Variantes : Zéline, Zélia.

....

Zoé

Fête le 2 mai

Origine : du grec *zoé*, vie.

Histoire : Zoé est un prénom biblique. Dans certains textes de l'Ancien Testament, Zoé est le prénom d'Eve, la femme d'Adam qui a donné la vie à toute l'humanité. Pour les premiers chrétiens, Zoé symbolisait la vie dans l'au-delà.

Caractère : ses sautes d'humeur imprévisibles peuvent déstabiliser ses proches mais elles ne durent jamais longtemps et son sourire charmeur a tôt fait de reprendre le dessus. Dans un groupe, elle cherche toujours à retenir l'attention, à jouer un rôle central. Elle prodigue volontiers des conseils et des directives avec diplomatie et gentillesse.

Variante : Zoélie.

....

Prénoms de garçons

e Adémar Adonis Agrippa Alban Alceste Aloïs Alphonse Am

Achille

Fête le 12 mai

Origine : du grec ***akhilleus*** : fils du serpent.

Histoire : Achille est un héros de ***l'Iliade*** d'Homère qui relate la guerre de Troie. Achille est le plus brave et impétueux de tous les guerriers. Sa mère le plongea dans les eaux du Styx pour le rendre invulnérable, comme elle le tenait par le talon, c'est devenu son seul point faible. Hector réussit à le tuer en visant son talon d'Achille.

Caractère : ambitieux, courageux, exigeant et capable de diriger une équipe avec autorité et succès.

....

Adémar

Fête le 24 mars

Origine : du germanique ***adal*** noble et ***mar***, maison.

Histoire : Adémar est une célébrité du Moyen Âge. Ce simple moine, dont les avis et la clairvoyance étaient tellement réputés, a dû se réfugier dans les Abbruzzes pour échapper aux sollicitations. Ce prénom est resté traditionnel dans certaines familles nobles.

Caractère : intuitif, intelligent, il a besoin d'être apprécié et est attiré par la célébrité.

Variantes : Aldémar, Valdemar.

....

Adonis

Fête le 21 mai

Origine : de l'hébreu *adon* : seigneur.

Histoire : Adonis est un héros de la mythologie. Le sublime Adonis, symbole de la beauté masculine, conquit le cœur d'Aphrodite. La déesse l'aimait tellement qu'elle le changea en anémone pour qu'il ne soit pas tué par un sanglier lors d'une partie de chasse en forêt.

Caractère : sensible, charismatique, épicurien, il a besoin qu'on lui montre la voie de la rigueur pour développer son grand potentiel.

....

Agrippa

Fête le 17 juin.

Origine : issu des Agrippa, illustre famille romaine au premier siècle avant J.-C.

Histoire : Agrippa est poète du XVIIe siècle. Amoureux fou, écorché vif, Agrippa d'Aubigné a écrit *Les Tragiques*, sublimes poèmes qu'on adore lire encore aujourd'hui.

Caractère : curieux, passionné, hypersensible, il peut s'emporter facilement mais sait comment se faire pardonner.

....

Alban

Fête le 22 juin

Origine : du latin *albus* blanc, renvoie à la ville antique rivale de Rome, Albe.

Histoire : Alban est un prénom mystique. Premier martyr anglais du IIIe siècle, ce généreux païen recueillit un prêtre traqué. Converti, Alban se fit passer pour le prêtre au point d'encourir le martyre à sa place.

Caractère : généreux, désintéressé, il a un grand sens de l'amitié et se met en quatre pour rendre service.

Variantes : Albin, Aubin, Albane.

....

Alceste

Fête le 5 mai

Origine : du grec Alceste, personnage d'une tragédie d'Euripide.

Histoire : Alceste est un prénom théâtral. Héros de la pièce de théâtre de Molière *Le Misanthrope*, Alceste dénonce l'hypocrisie et la compromission des moeurs de la cour. Mais cela ne l'empêche pas d'être amoureux fou de la coquette Célimène…

Caractère : idéaliste, sans concessions, intègre, il attire l'estime de tous ceux qui croisent sa route ou partage son quotidien.

....

Aloïs

Fête le 25 août

Origine : du germanique *ala* tout et *wis* sage.

Histoire : Aloïs est un prénom tout droit venu Moyen Âge. De nombreux troubadours et nobles seigneurs s'appelaient Aloïs. Sa musicalité délicate explique son grand retour actuel.

Caractère : né sous un bonne étoile, souple, sociable, il a le don de croiser des personnes influentes qui lui feront confiance et l'aideront à se réaliser pleinement.

Variante : Aloys.

....

Alphonse

Fête le 1er août

Origine : du germanique *adal* noble et *funs* prompt, impatient.

Histoire : ce prénom est un must des familles royales d'Espagne mais c'est le poète Alphonse de Lamartine qui lui a donné sa tonalité romantique. Ses méditations poétiques nous font encore rêver et son aura illumine toujours son charmant prénom.

Caractère : fonceur, indépendant, habile, il est conscient de sa valeur et supporte mal tout ce qui est moyen.

Variante : Alphonsine.

....

Amaury

Fête le 29 mai

Origine : du germanique *Amal* célèbre famille et *rik* roi, ce prénom est un dérivé d'Amalric plus répandu car plus doux que sa forme d'origine.

Histoire : Amaury est une figure du Moyen Âge. Abbé de Cîteaux, il lutta contre les hérétiques cathares au XIIIe siècle. C'est à lui qu'on doit cette fameuse phrase « Tuez-les tous ! Dieu reconnaîtra les siens ! »

Caractère : amateur d'aventures, de sensations fortes, conquérant et impulsif, il émane aussi de lui une grande sensualité.

....

Ambroise

Fête le 7 décembre

Origine : du grec *ambrosios* immortel, divin.

Histoire : Ambroise vient de la mythologie. L'ambroisie était une boisson magique qui rendait les dieux de l'Olympe immortels. Au XVIe siècle, Ambroise Paré fut l'artisan d'une immense renommée pour ce prénom. Chirurgien français, il fut l'inventeur de la chirurgie telle qu'elle se pratique aujourd'hui.

Caractère : altruiste, charitable, il cache une grande sensibilité sous des dehors austères. Il a du caractère et de l'assurance à revendre.

Variante : Ambroisine.

....

Anatole

Fête le 3 février

Origine : du grec *anatolé* : l'orient.

Histoire : Anatole est un prénom impérial. Evêque de Byzance au IVe siècle, il fut chassé d'Orient à cause de ses convictions chrétiennes et se réfugia dans le Jura où il vécut en ermite. Très en vogue au XIXe siècle, il surfe aujourd'hui sur la vague des prénoms 1900.

Caractère : indépendant, frondeur, il a beaucoup d'humour. Pudique, il cache ses inquiétudes sous des dehors insouciants.

Variante : Anatolie

....

Ancelin

Fête le 21 avril

Origine : du latin *ancel* : serviteur.

Histoire : Ancelin est un prénom 1900 qui fleure bon les comédies de boulevard, comme celle de Sacha Guitry, *Un sujet de roman* en 1923 dont il est un personnage clé.

Caractère : gentil, facile à vivre, conciliant, il prend les gens tels qu'ils sont avec leurs qualités et leurs défauts et est apprécié de tous.

....

Anselme

Fête le 21 avril

Origine : du germanique *ans*, dieu et *helm*, protection, casque.

Histoire : Anselme est l'un des paladins de Charlemagne. Reconnu pour sa bravoure, il fut tué avec Roland à Roncevaux.

Caractère : sous le signe de l'évolution, il travaille en permanence à la transformation de soi-même.

Variantes : Anthelme, Selma, Anselma.

....

Anton

Fête le 13 juin

Origine : du latin *antonius* : inestimable, nom d'une famille romaine dont Plutarque a relaté l'histoire.

Histoire : Anton porte en lui toute la mélancolie du théâtre russe de Tchékhov. Anton est la forme slave d'Antoine. Saint originaire d'Egypte, Antoine dit le grand doit sa célébrité à son triomphe sur le malin qui lui infligea d'innombrables tentations sans jamais réussir à le faire céder.

Caractère : autonome, énergique, toujours à la recherche de l'innovation et de l'originalité.

Variantes : Antonin, Antoinette, Antonine.

....

Apollinaire

Fête le 9 février

Origine : du grec *apellos* : qui inspire la création.

Histoire : Apollinaire est un dieu de la mythologie. Fils de Zeus, il était le dieu du soleil, de la musique et de la poésie. Venu du pays de l'ambre, il avait pour attributs des animaux sacrés : les cygnes qui tiraient son char, le loup et le hibou. Son visage et son corps parfaits ont fait de lui l'incarnation de l'idéal de la beauté grecque.

Caractère : solaire, il attire l'attention mais loin d'être frivole, il combat pour l'harmonie et la vérité.

Variante : Apolline.

....

Aramis

Fête le 30 mars

Origine : du français Aramitz, nom d'une terre du Béarn.

Histoire : Aramis est l'un des trois mousquetaires d'Alexandre Dumas. Raffiné et subtil, c'est un visionnaire qui a compris l'importance du pouvoir religieux et ambitionne d'y faire carrière. Dans *Le Vicomte de Bragelonne*, il devient évêque de Vannes puis général des Jésuites.

Caractère : séducteur, racé, tout en finesse et en distinction, il a tout pour briller dans les salons et faire une belle carrière.

....

Aristide

Fête le 31 août

Origine : du grec *aristos* le meilleur.

Histoire : Aristide est un puissant homme politique grec. Ce général vainqueur de la bataille de Marathon devint administrateur des finances d'Athènes et fut surnommé le juste pour son intégrité. Au XXe siècle, Aristide Briand, redonna du lustre à ce prénom un peu oublié. Brillant orateur, cofondateur avec Jaurès du parti socialiste français, il lutta pour la paix en Europe et reçut le prix Nobel en 1996.

Caractère : idéaliste, défenseur des opprimés, il sait parfaitement s'adapter au monde et aux circonstances.

Variante : Aristée.

....

Armand

Fête le 23 décembre

Origine : du germanique *hart* : fort et *man* : homme.

Histoire : Armand est un prénom du Moyen Âge. Grand voyageur, moine en Vendée puis aumônier à la cour du roi Dagobert, il se consacra à l'évangélisation de la Flandre. Armand du Plessis, cardinal de Richelieu, prélat et homme d'Etat français influent a rendu ce prénom illustre et il est resté tendance du XIXe siècle aux années 1920.

Caractère : fin stratège, fidèle à ses convictions, épris de responsabilités et de pouvoir, Il obtient ce qu'il veut sans s'imposer par la force mais par la diplomatie.

Variante : Armande.

....

Arsène

Fête le 19 juillet

Origine : du grec *arsen* : mâle.

Histoire : Arsène est un personnage 1900. Créé en 1905 par Maurice Leblanc, Lupin est l'archétype du gentleman cambrioleur. Séducteur, élégant, cultivé, il lit les grands écrivains comme Plutarque et Homère. Grand cœur, Arsène est un Robin des bois moderne qui vole aux riches pour donner aux pauvres.

Caractère : dynamique, curieux, changeant, peut passer d'un intérêt extrême à une quasi-indifférence. Virilité et énergie le caractérisent.

Variante : Arsinoé.

Arthus

Fête le 15 novembre

Origine : du celte *arzh* : ours.

Histoire : Arthus est un chevalier de légende. C'est un dérivé d'Arthur, roi qui gouverna la Bretagne et présida la Table Ronde avec ses chevaliers au VIe siècle.

Caractère : bienveillant, pacifiste, avisé, il est ouvert aux cultures du monde.

Aymeric

Fête le 4 novembre

Origine : du germanique *haim* maison et *ric* roi.

Histoire : Aymeric est un seigneur wisigoth du Moyen Âge. Il fut laminé avec ses soixante chevaliers par Simon de Montfort, à Lavaur, en 1211.

Caractère : logique, prévoyant, aimant la réussite et ses avantages matériels, il peut aussi se montrer désintéressé pour une juste cause.

Variante : Emeric.

hazar Barnabé Bartholomé Basile Baudoin Bénédict Balthazar

Balthazar

Fête le 6 janvier

Origine : de l'assyrien ***baal*** : Dieu, ***shar*** : protéger, ***ukur*** : roi.

Histoire : Balthazar est un prénom biblique. Roi de Babylone, Balthazar est devenu un des trois Rois mages légendaires. Il offrit de la myrrhe à l'enfant Jésus dans l'étable de Bethléem.

Caractère : raffiné, il apprécie les belles choses, la fête. Généreux et princier, il fait profiter ses amis de sa magnificence.

....

Barnabé

Fête le 11 juin

Origine : de l'hébreu ***bar-nabiah***, fils du prophète.

Histoire : Barnabé est un prénom de la chrétienté. Barnabé le chypriote généreux vendit ses terres à l'appel du Christ et en distribua la recette aux pauvres.

Caractère : novateur, bouillonnant, il bouscule les certitudes et les acquis. Il faut parfois calmer son enthousiasme débordant.

....

Bartholomé

Fête le 24 août

Origine : de l'araméen *bar* : qui a choisi, *thelom* la résistance armée.

Histoire : Bartholomé est un prénom mystique. Comme Spartacus, Bartholomé fut un notable qui résista à la domination romaine dans la ville de Cana la rebelle. Il devint un des apôtres du Christ qui alla porter la nouvelle de sa résurrection en Perse.

Caractère : idéaliste, il résiste à toute forme d'injustice, d'oppression ou de violence. Son énergie incomparable est un moteur pour lui et ses proches.

Variantes : Barthélémy, Bartoloméo.

Basile

Fête le 2 janvier

Origine : du grec *basileios* : roi.

Histoire : Basile était très célèbre au Moyen Âge. Ce sont les Croisés qui ont lancé la mode de ce prénom venu de Constantinople. Basile était un alchimiste qui a été le premier à utiliser l'antimoine comme médicament et qui a inventé le processus de distillation de l'eau-de-vie.

Caractère : doux, volontiers absorbé dans ses réflexions, il est un compagnon sincère et attentif qui sait écouter et conseiller avec son cœur plutôt qu'avec la raison.

Variante : Vassily.

Baudoin

Fête le 17 octobre

Origine : du germanique ***bald*** : rapide, hardi et ***win*** remporter une victoire.

Histoire : Baudoin est un guerrier du Moyen Âge. Deux illustres chevaliers du XIIe siècle firent des exploits pendant les croisades, Baudoin IV vainqueur de Saladin et Baudoin IX de Flandres, victorieux lors de la quatrième croisade. Le second fut couronné empereur d'Orient. Voilà pourquoi il fait les délices du bottin mondain depuis toujours…

Caractère : plein de force, de fougue et d'ardeur, ce battant sans peur et sans reproches vise haut !

....

Bénédict

Fête le 16 mars

Origine : du latin *bene* : bien et *dictus* : nommé.

Histoire : Bénédict est un prénom du Moyen Âge. Né dans une riche famille italienne, Bénédict se fait ermite dans une grotte pour fuir la corruption de Rome. Des disciples viennent le rejoindre et il crée l'ordre des bénédictins qui connaîtra un rayonnement extraordinaire dans toute l'Europe. Cet ordre associe prières, travail manuel et lecture.

Caractère : sérieux, érudit, il aime les études et s'épanouit dans des métiers culturels où on apprend tous les jours

Variantes : Benoît, Bénédicte, Benoîte.

....

lle Cassien Colin Côme Constantin Cyprien Camille Cassien C

Camille

Fête le 14 juillet

Origine : du latin ***camillus***, jeune homme qui assistait les prêtres pendant les sacrifices à Rome.

Histoire : Camille rayonnait dès l'Antiquité romaine. Camille de Leilis apparaît dans l'***Enéïde***. Après une jeunesse dissipée, il s'adonna au jeu et perdit toute sa fortune. Ruiné, il s'engagea comme infirmier dans un hôpital et révolté par la négligence, il fonda l'ordre des Camilliens qui soignait les malades avec compétence et compassion. L'emblème était une croix rouge et Camille est le fondateur de cette célèbre organisation.

Caractère : sûr de lui, énergique, sociable et travailleur, il a des atouts pour exercer la médecine.

Cassien

Fête le 13 août

Origine : du latin ***cassare*** : détruire, couper.

Histoire : Cassien est le nom d'un Empereur romain du Ier siècle dont les conquêtes sont restées célèbres. Une route d'accès à Rome, la via Cassia, porte son nom. Un autre Cassien fit parler de lui un peu plus tard. Ce précepteur fut tué par ses élèves à coup de stylets parce qu'il voulait les convertir au christianisme. Cassien est donc devenu le patron des instituteurs et des écrivains.

Caractère : intelligent, fin stratège et réformateur, il est promis à un brillant avenir s'il apprend à tempérer ses ardeurs et à supporter la frustration.

Colin

Fête le 6 décembre

Origine : du grec *niké* victoire et *lau* : peuple.

Histoire : dérivé de Nicolas, Colin prit son envol au XVIe siècle. Tous les enfants connaissent le jeu de colin-maillard où l'un des joueurs, les yeux bandés, doit attraper à tâtons un autre joueur et le reconnaître. Ce jeu date de 1532 et depuis Colin mène la partie.

Caractère : bien dans sa peau, ayant le sens du contact et joyeux, il garde toute sa vie une certaine nostalgie de l'enfance et de son insouciance.

Variante : Coline.

....

Côme

Fête le 26 septembre

Origine : du grec *kosmos* : bon ordre, discipline.

Histoire : Côme est un classique de la Renaissance. Le noble florentin Côme Médicis fut contraint à l'exil mais il réussit à revenir à Florence en 1434 et à reprendre le pouvoir. Il vainquit Milan et Venise et grâce à son immense fortune se posa comme mécène des arts et des lettres.

Caractère : sûr de lui, il possède de la prestance et de l'allure. Protecteur, il a le sens des relations avec les autres et de la diplomatie.

....

Constantin

Fête le 21 mai

Origine : du latin *constans* : fidèle à lui-même.

Histoire : Constantin est un prénom impérial s'il en est. Constantin le grand devint le premier empereur romain à se convertir au christianisme. Il proclama la liberté de culte, libéra les prisonniers pour motifs religieux et favorisa l'essor de la nouvelle religion. En 324 il établit la capitale de l'empire à Byzance qu'il rebaptisa Constantinople et fixa la date de la fête de Pâques.

Caractère : profondément humain, il ouvre son cœur et sa maison à tous, sans distinction de religion, de race, de couleur ou de classe sociale. C'est un être d'exception.

Variantes : Constant, Constance.

Cyprien

Fête le 16 septembre

Origine : du grec *kupros* : arbuste aromatique de l'île de Chypre.

Histoire : Cyprien est un prénom qu'affectionnaient les premiers Chrétiens. Cyprien est né vers 200 en Afrique. Il se convertit et devint un grand théologien. Evêque de Carthage, il fut l'un des pères de l'Eglise.

Caractère : doué pour la recherche et les sciences, il peut faire partie des grands découvreurs qui apportent beaucoup à l'humanité.

Variante : Cyprienne.

te Darius Donatien Dante Darius Donatien Dante Darius

Dante

Fête le 21 juillet

Origine : du latin ***durantus*** : celui qui dure.

Histoire : Ce prénom évoque Florence et les fastes de la Renaissance italienne. Dante Alighieri, auteur du chef-d'oeuvre intemporel ***La Divine Comédie*** raconta sa passion déchirante pour Béatrice. Et depuis le XIVe siècle, Dante nous touche toujours autant.

Caractère : très attiré par les arts, la peinture, la musique, il peut devenir un grand bâtisseur, architecte de génie.

....

Darius

Fête le 25 octobre

Origine : du persan ***darâjavahush*** roi puissant plein d'énergie.

Histoire : Darius est le prénom d'un prestigieux roi de Perse du Ve siècle av. J.-C. L'historien grec Hérodote a associé ce nom prestigieux au Dieu de la guerre, c'est dire les qualités de combattant et de conquérant de Darius.

Caractère : imaginatif, énergique, meneur d'homme, il a l'âme d'un chef de guerre ou d'orchestre... Il peut militer et s'engager pour de grandes causes.

Variante : Dario.

....

Donatien

Fête le 24 mai

Origine: du latin *donatus* donné par Dieu.

Histoire: Donatien est apparu chez les premiers Chrétiens. Donatien était un jeune homme de 15 ans, qui fut condamné au martyre, à Nantes en 304. Avec son frère Rogatien, ils ont passé leur dernière nuit, ensemble, à prier et à se soutenir. Donatien parle de solidarité, d'engagement, de jeunesse et de résistance. Voilà pourquoi il mérite de revenir dans la lumière.

Caractère: énergique et curieux, son esprit est sans cesse en étude et il ne va jamais à la facilité, au contraire.

Variante: Donatienne.

....

Eléazar Elias Eloi Emile Enguerrand Eros Etienne Eudes

Edmond

Fête le 20 novembre

Origine : du germanique *ed* patrimoine, biens et *mund* : protecteur.

Histoire : Edmond est un prénom d'aventurier. Le premier Edmond célèbre naquit à Abingdon en 1180 et fut un professeur de philosophie renommé à Oxford. Mais la puissance évocatrice de ce prénom est liée au personnage d'Edmond Dantès inventé par Alexandre Dumas. Sur le point d'épouser la belle Mercedes, Edmond est accusé et condamné à tort. Après 14 années de captivité au château d'If, il s'en échappe, devient le comte de Monte-Cristo et se venge.

Caractère : fin lettré, il a du goût pour les études, la réflexion et la philosophie. Quand le quotidien lui pèse, il s'échappe en créant des fictions, des romans, des scénarii, bref, c'est un auteur en puissance.

Variantes : Edmée, Edna.

....

Eléazar

Fête le 23 février

Origine : de l'hébreu *el'azar* : celui que Dieu a secouru.

Histoire : Ce prénom qui nous vient du Nouveau Testament est le dérivé de Lazare qui fut ressuscité par son ami Jésus au Ier siècle. Au IXe siècle, il y eu un autre Lazare célèbre, un moine de Constantinople surnommé le peintre qui restaura les images saintes endommagées par les hérétiques et fut envoyé à Rome comme ambassadeur.

Caractère : prompt à réparer les injustices et à secourir les plus faibles, il est généreux et davantage préoccupé à faire le bonheur des autres que le sien.

Variante : Lazare.

....

Elias

Fête le 20 juillet

Origine : de l'hébreu *eli* Dieu.

Histoire : Elias est un prénom biblique dérivé d'Elie, prophète hébreu qui gagna le ciel sur un char de feu. Au Moyen Âge plusieurs troubadours célèbres ont porté ce prénom, Elias Cairel, Elias d'Ussel… Ils étaient un peu les crooners de l'époque et charmaient les gentes dames avec des ballades et de la romance.

Caractère : sous le signe du feu, il en a la force vive. Indépendant, épris de liberté et entreprenant, il est fait du bois dont sont fabriqués les grands décideurs du monde politique ou économique.

Variante : Ilias.

Eloi

Fête le 1er décembre

Origine : latin *eligius* : élu.

Histoire : Eloi est un prénom du Moyen Âge. Au VIIe siècle, Eloi apprit l'orfèvrerie. Le roi Clotaire II lui confia de l'or pour ciseler un trône. Eloi en réalisa deux et gagna la confiance de Clotaire, puis celle du bon roi Dagobert, son successeur. Nommé chancelier puis évêque Eloi fonda plusieurs monastères et se consacra au secours des pauvres. Il fut donc très aimé.

Caractère : courageux, obstiné, il ne s'avoue jamais vaincu et finit toujours par réussir ce qu'il entreprend. Fidèle en amour comme en amitié, on peut compter sur lui.

Variante : Ligia.

Emile

Fête le 22 mai

Origine : du grec *haimulos* : rusé.

Histoire : Emile est un prénom 1900. Choisi par Jean-Jacques Rousseau dans son traité d'éducation datant de 1762, Emile est l'élève idéal qu'il met en scène. Très prisé au XIXe siècle, Emile Zola incarna admirablement ce prénom qui s'est essoufflé début XXe et qui revient au XXIe !

Caractère : éternellement jeune, intuitif et spontané, il a une fraîcheur d'esprit et une fougue qui font rechercher sa compagnie.

Variantes : Emilien, Milou, Emilienne.

....

Enguerrand

Fête le 25 octobre

Origine : du germanique *engil* : ange et *ramm* : corbeau.

Histoire : Ce prénom médiéval par excellence fut porté par de nombreux chevaliers et chefs d'armées. Le croisé de saint Louis, Enguerrand de Bailleul, se fit remarquer par sa bravoure en Terre sainte puis pendant la campagne contre l'Aragon en 1285. Depuis, Enguerrand fait les délices des vieilles familles de la noblesse d'épée.

Caractère : fougueux, valeureux, chevaleresque et défenseur des valeurs morales, il est le premier à voler au secours de la veuve et de l'orphelin.

Variante : Enguerrande.

....

Eros

Fête le 14 février

Origine : du grec *Eros* dieu de l'amour.

Histoire : Eros est un prénom divin. Beau et immortel, Eros est la force qui pousse les deux moitiés que les Dieux ont séparées à se retrouver. La moitié homme s'unit à sa moitié femme pour donner naissance à un enfant. Ce sera Eros, l'amour qui dompte l'intelligence et la sagesse. Il inspire de l'audace et est capable de rendre l'homme vertueux et heureux durant sa vie et après sa mort.

Caractère : il a de l'allure, du mordant, de l'aisance et du charisme.

....

Etienne

Fête le 26 décembre

Origine : du grec *stephanos* : le couronné.

Histoire : beau comme un ange, Etienne propagea la foi nouvelle et fut le premier martyre chrétien. Lapidé sous les yeux de saint Paul vers l'an 35, il est le patron des fondeurs et des tailleurs de pierre. Très à la mode dans les années 1900, Etienne fait un retour remarqué.

Caractère : il a toutes les qualités du chercheur, d'une curiosité insatiable, d'une volonté sans faille, efficace et précis, il allie la rigueur morale à l'honnêteté intellectuelle.

Variantes : Esteban.

....

Eudes

Fête le 20 novembre

Origine : germanique *jodh* : enfant.

Histoire : Eudes est un prénom mystérieux. La légende raconte qu'Eudes était le fils de la fée Mélusine. De nombreux ducs de Bourgogne et d'Aquitaine firent honneur à ce prénom et même un roi de France, fils de Robert le Fort, qui défendit Paris contre les Normands au IXe siècle.

Caractère : sa personnalité, son originalité intriguent et incitent à en savoir plus. En particulier les femmes car Eudes est un grand séducteur qui porte volontiers les couleurs des jolies dames.

Variantes : Eudoxie, Eudeline, Eudora.

....

Eugène

Fête le 7 février

Origine : du grec *eugenios* bien né, de noble race.

Histoire : Eugène est un prénom très XIXe. Créé vers 1834 par Honoré de Balzac, Eugène de Ratignac est le jeune homme le plus sympathique et brillant de la Comédie humaine. Quant à Eugène Onéguine, personnage central du roman de Pouchkine, il possède de l'orgueil, de l'honneur, du cœur et de l'intelligence. Voilà qui donne envie de choisir ce délicieux prénom.

Caractère : Souple, conciliant, toujours prêt à venir en aide à ses amis, il possède une grande force de caractère et sait se donner les moyens de ses ambitions.

....

Félix Ferdinand Florentin Foulques Faust Félix Ferdinand F

Faust

Fête le 15 décembre

Origine : du latin *faustus* : favorisé.

Histoire : Faust est un prénom légendaire. Le docteur Faust qui vécut au XVIe siècle, devint rapidement un personnage de légende : il aurait vendu son âme au diable pour satisfaire une insatiable curiosité intellectuelle et son désir envers la belle Marguerite. Il inspira l'illustre poète allemand Goethe mais aussi les écrivains Paul Valéry, Thomas Mann, Gérard de Nerval, les compositeurs Berlioz, Gounod et le peintre Delacroix.

Caractère : incisif, précis, analytique, il est prompt à découvrir les points faibles d'une théorie, d'une idée ou des personnes qui l'entourent. Ce qui en fait un être apprécié mais dont on redoute les traits d'esprit et le mordant.

Variantes : Faustine, Faustinien, Fauste, Faustin.

....

Félix

Fête le 12 février

Origine : du latin *felix* heureux.

Histoire : Félix est un prénom impérial. En 82 av. J.-C., l'empereur Sylla prend tous les pouvoirs à Rome et se fait nommer Felix, c'est-à-dire celui qui est favorisé des Dieux. Très porté au Moyen Âge parce que de bon augure, Félix a explosé au XIXe jusque dans les années trente. Son grand come back est lié aux ondes positives qu'il dégage.

Caractère : délicat, attentionné, gentil, il possède un don pour semer le bonheur autour de lui.

Variantes : Félicien, Félicienne, Félicia.

....

Ferdinand

Fête le 30 mai

Origine : du germanique *frid* paix et *nand* hardi.

Histoire : Ferdinand est un prénom royal. Au XIIIe siècle, le roi de Castille et d'Aragon, Ferdinand entreprit la reconquête du sud de l'Espagne et fit reculer les Maures jusqu'à Cordoue et Séville. De nombreux souverains d'Espagne, du Portugal, d'Italie et de Sicile perpétuèrent la notoriété de ce prénom… Très porté au XIXe siècle, il est devenu très rare à partir de 1940 et c'est le moment idéal de le redécouvrir.

Caractère : esthète, gourmet, jouisseur, il savoure chaque seconde de l'existence et sait faire partager son amour des plaisirs de la vie.

Variantes : Ferdinande, Fernand, Fernande.

Florentin

Fête le 24 octobre

Origine : du latin *florentius* : fleurissant.

Histoire : Florentin s'est épanoui à la renaissance. Le plus illustre, Florentin Machiavel, est l'inventeur du machiavélisme. Ce noble théoricien de la ruse, écrivit pour Laurent II de Médicis, *Le Prince*, un précis de politique encore plein d'enseignements aujourd'hui…

Caractère : éloquent, visionnaire, sa finesse intellectuelle et sa mémoire étonnante font de lui un être d'exception.

Variantes : Florestan, Florisan, Florimond, Floriane, Floréal.

Foulques

Fête le 10 juin

Origine : du germanique *folk* : peuple.

Histoire : Ce prénom parle des Croisades. Plusieurs comtes d'Anjou s'y illustrèrent, en particulier Foulques Nerra, dit Foulques le Noir, un homme de guerre sans pitié qui ravageait les villes dont il s'emparait. Tourmenté par le remord il termina son existence dans la pénitence. Autre figure marquante, Foulques de Villaret, grand maître des Templiers qui s'empara de l'île de Rhodes en 1310 et y installa l'ordre des Templiers.

Caractère : impétueux, combatif, courageux, franc et loyal, c'est un fonceur qui provoque l'enthousiasme et l'admiration.

....

n Galahad Gasby Gaspard Gaston Gaultier Gauvain Go

Gabin

Fête le 19 février

Origine : du chaldaïque *gabêh* : se moquer, plaisanter.

Histoire : Gabin avait disparu depuis l'Antiquité. Ce prénom fut porté par un sénateur de Rome, frère de l'empereur Caïus, qui fut arrêté avec sa fille Suzanne pour s'être converti au christianisme. Désespéré que Suzanne soit condamnée au martyre, il se laissa mourir en prison.

Caractère : optimiste, il a la capacité de dominer toutes les situations par le rire. D'un naturel sociable, affectueux et responsable, il est très apprécié.

Galahad

Fête le 18 décembre

Origine : de l'hébreu *Galeèh-ad* : éternité dévoilée.

Histoire : Galahad est un chevalier de la Table ronde. Fils de Lancelot du Lac, le plus jeune chevalier, le Pur, trouvera le Graal, le rapportera à la Table ronde et s'assiéra dans le Siège périlleux, sans être englouti. Son retour marque la fin des Temps aventureux et de la quête. Galahad est un chevalier aimant et aimé, tant des dames de la sainte cour d'amour que de la lumière sacrée du Graal.

Caractère : il cumule les qualités, engagement, droiture, soif d'absolu… Bref, c'est une belle âme et un cœur pur.

Gasby

Fête le 29 septembre

Origine : de l'hébreu ***gavar*** : force et ***el*** Dieu.

Histoire : Gasby est dérivé de Gabriel, célèbre archange de la Bible. Puissance de premier ordre, prince des cieux, chef des légions célestes, c'est lui qui annonça à Marie la naissance du futur Messie, le Christ. C'est l'auteur américain Francis Scott Fitzgerald qui rendit Gasby inoubliable en en faisant le héros d'un de ses plus beaux romans ***Gasby le magnifique***.

Caractère : fidèle, nostalgique, il garde toujours en lui une part d'enfance. Il s'épanouit davantage dans la nature, les grands espaces que dans les grandes villes étouffantes.

Variantes : Gabriel, Gaby.

....

Gaspard

Fête le 28 décembre

Origine : de l'hébreu ***gazâ*** : trésor, richesse.

Histoire : Gaspard est un prénom royal. Guidé par une étoile jusqu'à l'étable de Bethléem, Gaspard est celui des trois rois mages qui apporta de l'or au nouveau-né Jésus. Selon la légende Gaspard était un jeune homme d'une grande beauté qui inspira les peintres Dürer au XVIe siècle et Rubens le siècle suivant.

Caractère : il a le goût des voyages, de l'aventure et des dons pour l'astrologie. Conscient de la fragilité de notre univers, il a un grand respect de la nature et des animaux.

Variante : Garparine.

....

Gaston

Fête le 6 février

Origine : du germanique *gast* étranger.

Histoire : Gaston était un prénom tendance au Moyen Âge. Au VIe siècle, Gaston évangélisa les populations franques et enseigna le catéchisme au roi Clovis. La légende raconte qu'un loup lui apporta une oie morte et qu'il la ressuscita. Bien représenté jusqu'en 1920, il revient après une longue éclipse.

Caractère : il a le sens de la convivialité et de l'accueil et son humour en fait un hôte recherché. Il a un goût prononcé pour le mystère, le surnaturel et la spiritualité.

....

Gaultier

Fête le 9 avril

Origine : germanique *walt* chef et *her* guerre, armée.

Histoire : Gaultier est un prénom de chevalier. La légende de Gaultier Sans Avoir est restée gravée dans les mémoires. Au XIe siècle, ce pauvre chevalier prit la tête d'une croisade populaire massacrée avant d'avoir pu atteindre Constantinople. Encore confidentiel, Gaultier s'inscrit dans le retour en grâce des prénoms médiévaux.

Caractère : entreprenant et ingénieux, il ne se laisse pas abattre par les obstacles, au contraire, les enjeux et les difficultés stimulent son goût pour l'action.

Variantes : Gautier, Gauthier.

....

Gauvain

Fête le 3 juin

Origine : du gallois *gwalchmei* : faucon de la plaine.

Histoire : Gauvain est un chevalier de la table ronde. Gauvain, neveu du roi Arthur, est le chevalier modèle, courageux, courtois, il porte Excalibur, l'épée du roi Arthur et voit sa force croître avec le soleil et diminuer jusqu'à la tombée de la nuit. Malgré ses grandes qualités, Gauvain se laisse facilement distraire de la quête de Graal, par l'amour d'une jolie dame ou un prodige inconnu.

Caractère : bon vivant, séducteur, brillant, il vit à cent à l'heure mais son attirance pour les plaisirs de la vie ne l'empêche pas d'être en quête de sens et de valeurs morales élevées.

Variante : Gavin.

....

Gonzague

Fête le 21 juin

Origine : Gonzague était le nom d'une famille italienne.

Histoire : Gonzague est un prénom raffiné. Louis de Gonzague était le fils d'une noble famille qui régnait sur Mantoue au début du XVIe siècle. Ce jeune homme bien né délaissa la vie mondaine pour entrer chez les jésuites. La peste s'étant déclarée dans Rome, il soigna les malades et succomba à la maladie à son tour, à 23 ans. Il est le patron des étudiants.

Caractère : il a du goût pour les études, la recherche, les sciences, tout ce qui peut lui permettre de comprendre comment fonctionne le monde.

....

Guilhem

Fête le 10 janvier

Origine : du germanique *wil* volonté et *helm* casque protection.

Histoire : Guilhem est un prénom dérivé de Guillaume. Au XIe siècle, Guillaume le Conquérant devint populaire dans toute l'Europe. Son prénom aussi. Lors d'une fête de Noël en 1171 à Bayeux, on demanda à tous les chevaliers présents qui ne se nommaient pas Guilhem ou Guillaume de se lever et plus d'une centaine restèrent assis. Guillaume Tell, héros de l'indépendance suisse accrut sa popularité.

Caractère : son allure, sa combativité et sa détermination font qu'il sort du lot, qu'on le remarque et qu'on l'admire car il ne se contente pas de parler, il agit.

Variantes : Guilhemine, Guillaumette.

....

Gustave

Fête le 7 octobre

Origine : du germanique *gunz* : homme et *stakka* : bâton, baguettes.

Histoire : Gustave est un prénom de druide. Venu des pays nordiques, Gustave est celui qui lit dans les runes le sort des batailles et interprète des signes secrets. D'abord fréquent en Suède et en Allemagne, Gustave a explosé au XIXe siècle, il était parmi les trente prénoms les plus donnés. Flaubert, Doré, Courbet, Moreau, Mahler, Charpentier, Klimt, Eiffel, la liste des célébrités nommées Gustave est impressionnante.

Caractère : son intuition et son énorme créativité s'expriment et s'épanouissent dans les activités artistiques. Doué, particulier, étonnant, ses indéniables talents se manifestent dès ses premières années.

Variante : Gustavie.

....

mès Hippolyte Hubert Hugolin Hyacinthe Hector Hermès Hipp

Hector

Fête le 21 juillet

Origine : du grec *ekhein* : celui qui possède.

Histoire : Hector est un prénom héroïque. Fils du roi Priam, Hector, chef de l'armée troyenne est l'un des principaux héros de l'*Iliade*. Bon fils et bon citoyen, Hector donna sa vie pour sauver sa cité. Il lutta pendant dix ans car l'oracle avait dit que Troie ne tomberait pas devant les Grecs tant qu'il resterait en vie. Il fut tué par Achille.

Caractère : son courage et sa rigueur morale, mais aussi sa fidélité conjugale et son grand sens de l'amitié font de lui un homme rare.

....

Hermès

Fête le 31 décembre

Origine : du grec eirein : celui qui montre la route.

Histoire : Hermès est un prénom mythologique. Fils de Zeus, Hermès est le messager et l'interprète des Dieux. Il protège les voyageurs et les marchands ainsi que les voleurs...

Caractère : beau parleur, il a le sens du commerce. Convainquant, il sait trouver les mots justes en toutes circonstances et capter son auditoire. Ses capacités d'orateur le prédisposent à une carrière d'homme politique, d'avocat ou d'enseignement.

Variante : Hermias.

....

Hippolyte

Fête le 13 août

Origine : du grec *ippolytos* : celui qui libère les chevaux.

Histoire : Hippolyte est un prénom théâtral. Fils de Thésée et de la belle amazone Antiope, ce magnifique jeune homme chavira le cœur de sa belle-mère, Phèdre. Comme il repoussa ses avances, elle se vengea en l'accusant d'éprouver pour elle une passion. Hippolyte fut maudit par son père et mourut, traîné par ses chevaux emballés. Hippolyte inspira Racine au XVIIe siècle et Jean-Philippe Rameau au XVIIIe.

Caractère : fougueux, d'un naturel joyeux, d'une joie de vivre communicative, il remplit la maison de bruit et de mouvement mais il doit apprendre à savoir dompter ses émotions, à ne pas s'emballer.

....

Hubert

Fête le 3 novembre

Origine : du germanique *hug* : réflexion et *bert* brillant.

Histoire : Hubert est un prénom médiéval. Lors d'une chasse, un cerf arborant une croix lumineuse entre ses ramures se dressa soudain devant le seigneur Hubert. Il fut touché par la grâce et devint le patron des chasseurs. Oublié pendant des siècles, Hubert devint la coqueluche des années folles, le roi du charleston et des soirées chez Maxim's.

Caractère : cette force de la nature a besoin de grands espaces, d'aventures, de dépassement de soi et de sports extrêmes pour se sentir exister.

Variantes : Huberte, Hubertine.

....

Hugolin

Fête le 1er avril

Origine : du germanique *hug* intelligence.

Histoire : Hugolin est un dérivé de Hugues. Hugues Capet, qui fonda la troisième dynastie des rois de France au xe siècle fut à l'origine de la popularité de ce prénom. Adouci, Hugolin a été remis au goût du jour par Marcel Pagnol et évoque la garrigue, le sud et le chant des cigales…

Caractère : indépendant, franc-tireur, non conformiste, il reste fidèle à ses convictions et se mobilise pour défendre ses valeurs, sa famille et ses proches.

Variantes : Hugo, Huguette.

....

Hyacinthe

Fête le 17 août

Origine : du grec *hyacinthos* jacinthe.

Histoire : Hyacinthe est un prénom de la mythologie grecque. Jeune garçon d'une exceptionnelle beauté, Hyacinthe devint le compagnon de jeu d'Appollon. Mais Appollon tua Hyacinthe par mégarde alors qu'ils s'amusaient ensemble. Désespéré et voulant rendre son ami immortel, le dieu transforma le sang coulé de sa blessure en une fleur qu'il appela jacinthe, comme son ami.

Caractère : visionnaire, enthousiaste, dynamique, séduisant comme le violet sombre et le parfum capiteux de la fleur qui porte son nom.

Variante : Jacinthe.

....

n Joachim Jocelyn Jonas Justinien Jason Joachim Jocelyn

Jason

Fête le 12 juillet

Origine : de l'hébreu *joshua* Dieu délivre.

Histoire : Jason est un héros de la mythologie grecque. Jason se présente avec une seule sandale devant le roi Pélias car il a perdu l'autre dans un torrent. Or l'oracle avait prédit à Pélias de se méfier d'un homme à la sandale unique. Pour l'éloigner, Pélias demande à Jason un exploit irréalisable : lui ramener la toison d'or. Jason réussit et revient avec la toison, marié à la magicienne Médée qui l'a aidé.

Caractère : viril et conquérant, rien ne l'effraie, rien ne le décourage, il va au bout de ses rêves et aucune femme ne lui résiste.

....

Joachim

Fête le 26 juillet

Origine : de l'hébreu *yehoyaqim* celui que Dieu établit.

Histoire : Joachim est prénom biblique. Dans le Nouveau Testament, Joachim est le père de la Vierge Marie. Anne, la femme de Joachim était stérile et Joachim partit vivre au milieu de ses bergers. L'ange Gabriel vint lui annoncer une naissance et les deux époux se retrouvèrent grâce à la petite Marie. Au XVIe siècle le poète Joachim du Bellay, contemporain de Ronsard, redonna un second souffle à ce beau prénom qui mérite son come-back aujourd'hui.

Caractère : fascinant, érudit, accrocheur, tous ceux qui l'approchent veulent l'apprivoiser car il intrigue et intéresse tout à la fois.

....

Jocelyn

Fête le 13 décembre

Origine : du germanique ***gauselin*** qui vient du peuple des Goths.

Histoire : Jocelyn est un prénom médiéval. Au VIIe siècle, le roi des Bretons, Jocelyn, renonça à sa couronne, vécut en ermite et devint un saint homme. En 1836, le succès du long poème de Lamartine *Jocelyn*, provoqua un fort engouement pour ce prénom romantique.

Caractère : tiraillé par une affectivité secrète très puissante, rêveur, introverti, il se retire dans son monde intérieur quand il est débordé par ses émotions. Il sait faire front pour défendre son indépendance.

....

Jonas

Fête le 12 juillet

Origine : du grec *iônas* colombe.

Histoire : Jonas est un prénom biblique. Sommé par Dieu d'aller prévenir les habitants corrompus de Ninive qu'ils vont être punis, Jonas se dérobe et embarque sur un navire. Mais une tempête survient et Jonas est jeté à la mer pour apaiser la colère divine. Englouti par une baleine, il implore Dieu pendant trois jours et est rejeté vivant sur le rivage. Jonas remplit alors sa mission.

Caractère : son inventivité, son esprit d'à-propos et son ingéniosité alliés à une bonne dose de chance font de lui l'homme qui trouve toujours des solutions et qui s'en sort toujours.

....

Justinien

Fête le 12 mars

Origine : du latin *justinius* raisonnable, juste.

Histoire : Justinien est un prénom révolutionnaire. Si deux grands empereurs d'Orient portèrent ce prénom au VIe siècle, c'est Saint-Just, l'ange de la révolution et compagnon de Robespierre qui fit le succès de Justinien. Sans oublier Justine, l'héroïne intrépide et scandaleuse du roman du marquis de Sade *Justine ou les malheurs de la vertu.*

Caractère : optimiste, amoureux de la vie, volontiers jouisseur, il se montre exclusif parfois jaloux.

Variantes : Juste, Justin, Justine.

Lélie Léonard Léonce Léopold Lothaire Lucien Ludwig Lan

Lancelot

Fête le 21 avril

Origine : du germanique *lanzo* terre.

Histoire : Lancelot est un chevalier de la Table ronde. Parti à la recherche de la reine Guenièvre enlevée par Méléagant, Lancelot du Lac traverse le pont de l'épée. Lancelot est l'archétype du chevalier courtois, au service indéfectible de sa dame et prêt à tout perdre pour elle. Amant de Guenièvre, Lancelot quitte le roi Arthur et ne peut contempler le Graal. Seul son fils, Galahad le Pur, aura ce privilège.

Caractère : passionné par la chimie, la matière, les pierres, les plantes, les simples, c'est un guérisseur de l'âme et du corps.

Variante : Lancelin.

Lélie

Fête le 11 août

Origine : du grec *làlos* celui qui parle.

Histoire : Lélie est un prénom théâtral. Dans les pièces de Molière, Lélie était un amoureux comme dans les bouffonneries de la Commedia dell'arte. Plus tard Lelio fut choisi par Marivaux dans *La Surprise de l'amour* et Lelia fut une héroïne belle et passionnée de George Sand. Leur point commun c'est l'amour, naturellement !

Caractère : gai, sympathique, aussi charmeur que charmant, il est capable de prouesses pour conquérir l'objet de sa passion et pour faire son bonheur.

Variantes : Lélia, Lelio.

Léonard

Fête le 10 novembre

Origine : du germanique ***hard*** fort et du latin *leo* lion.

Histoire : Léonard est une gloire de la renaissance. Au XVIe siècle, Léonard de Vinci, le père de la Joconde, fit l'admiration de tous car il était doué pour tout, la peinture, les sciences de l'homme, l'anatomie, les sciences physiques. Il inventa même des machines volantes, des parachutes et des sous-marins. Bref ce génie universel rejaillit sur ce prénom... forcément !

Caractère : hardi, volontaire, solide, il voit loin et son exigence le pousse à réaliser ce que personne avant lui n'a tenté.

....

Léonce

Fête le 18 juin

Origine : du latin *leo* lion.

Histoire : Léonce est un prénom du Moyen Âge. Léonce possède les qualités du lion, l'animal qu'il symbolise : la puissance, le courage, la force. Léonce permet de renouveler le trop banal Léo et de retrouver l'esprit 1900 de Léon.

Caractère : les difficultés ne le rebutent pas, au contraire, plus c'est ardu et plus c'est stimulant à ses yeux. Sûr de lui, quand il rugit, il est impressionnant !

Variantes : Léo, Léon.

....

Léopold

Fête le 15 novembre

Origine : du germanique *Leud* troupe et *bald* audacieux.

Histoire : Léopold est un prénom médiéval. Au XIe siècle, Léopold, prince d'Autriche, faisait une promenade avec son épouse. Le vent ôta le voile de la princesse et le fit disparaître. Léopold fit le vœu de bâtir un monastère là où il tomberait. Il retrouva le voile dans un buisson où lui apparut la vierge et il tint sa promesse.

Caractère : brillant en société il est à l'aise dans tous les milieux car il sait s'adapter. Son esprit analytique et son goût pour l'étude le mèneront loin.

Lothaire

Fête le 15 juin

Origine : du germanique *hlod* illustre et *hari* armée.

Histoire : Lothaire est un prénom lié à l'histoire des Francs. Plusieurs rois carolingiens s'appelèrent Lothaire, de père en fils, le royaume de Lothaire désignait l'actuelle Lorraine. Comme Clotaire, son doublon, Lothaire fut remis à la mode en 1900 et reste depuis le chouchou de la noblesse.

Caractère : il possède l'énergie et la combativité d'un noble chevalier. Son impétuosité aussi… ce qui ne fait pas de lui le champion des compromis et de la patience !

Variante : Clotaire.

Lucien

Fête le 8 janvier

Origine : du latin *lucius* lumineux.

Histoire : Lucien est un prénom star du XIXe siècle. C'est la littérature qui a fait sa notoriété. Lucien de Rubempré est un personnage important de la Comédie humaine de Balzac. Lucien Leuwen est le héros d'une œuvre inachevée de Stendhal. Jeune, beau, riche, fils d'un banquier, il se donne corps et âme à la dame de son cœur qui incarne à ses yeux un idéal. Son amour sincère balaie les préjugés de caste et de classe.

Caractère : il a besoin d'être le centre de l'attention, d'être dans la lumière des projecteurs, et il fait tout pour y parvenir. Mais sans chercher à évincer les autres car il est très à cheval sur les principes.

Variantes : Lucius, Lucienne, Luciana.

Ludwig

Fête le 25 août

Origine : germanique *hlodowig*, la renommée du combattant.

Histoire : Ludwig est un prénom romantique. Connu pour ses châteaux de contes de fées, son goût pour l'art et son destin tragique, Ludwig, roi de Bavière, fut un monarque fantasque et le mécène de Richard Wagner. Le cinéaste Luchino Visconti lui a rendu un hommage émouvant dans son film *Le Crépuscule des dieux* et le troublant mystère de ce roi fascine encore aujourd'hui.

Caractère : il joint le goût des honneurs à de profondes tendances mystiques et on ne sait jamais de quel côté va le pousser sa destinée.

lo Manfred Marius Merlin Narcisse Malo Manfred Marius M

Malo

Fête le 15 novembre

Origine : du celte « Mac-lug » fils de Lug, dieu solaire de la mythologie celte.

Histoire : Malo est un prénom breton. Saint Malo, venu du Pays de Galles jusqu'en Bretagne était un navigateur. Dans les mers du Nord il prit une baleine pour une île et y célébra la messe. On affirme aussi qu'un oiseau avait fait son nid dans son manteau et que Malo a attendu l'éclosion des oeufs avant de reprendre son vêtement.

Caractère : enfant, il est très sage et adore rêver et lire. Adulte, il aime se réfugier dans son monde et ne le fait partager qu'à quelques élus.

....

Manfred

Fête le 27 janvier

Origine : du germanique *manfrid* homme de paix.

Histoire : Manfred est un prénom romantique. Héros du poète anglais Byron (1817), Manfred est un savant préoccupé de magie. Tourmenté par la mort d'Astarté, la femme qu'il aimait, car il se considère comme responsable, il est le modèle du héros romantique.

Caractère : solide, énergique, il aime la nature et l'océan sur lequel il voyage en solitaire.

....

Marius

Fête le 19 janvier

Origine : du latin « Marius » : nom d'une importante famille romaine.

Histoire : Marius est prénom médiéval. Au Moyen Âge, il y eut de nombreux Marius car on pensait que c'était le féminin de Marie. Il fit un retour remarqué à Marseille dans les années trente grâce au héros de Marcel Pagnol créé en 1929. Marius, simple fils de bistrotier, embarque sur un magnifique trois-mâts pour vivre la vie aventureuse dont il rêvait, laissant derrière lui Fanny et son bébé.

Caractère : ambitieux, courageux, déterminé, il a le goût de la liberté et l'audace nécessaire pour réussir.

Merlin

Fête le 8 mars

Origine : du celtique *myrrdin* le petit faucon.

Histoire : Merlin est un prénom de magicien. Druide légendaire et bénéfique, Merlin l'enchanteur commande aux éléments naturels et aux animaux. Il est le conseiller du roi Arthur dans la légende des chevaliers de la Table ronde.

Caractère : intègre, efficace et bienveillant, il aime transmettre ses connaissances et communiquer ses passions, c'est un bon pédagogue.

Variante : Merline.

Nestor Niels Numa Némo Nestor Niels Numa Némo Nestor N

Narcisse

Fête le 29 octobre

Origine : du grec *narkê* torpeur, engourdissement.

Histoire : Narcisse est un prénom de la mythologie. La merveilleuse beauté d'un jeune chasseur enflamma le cœur de la nymphe Echo mais celui-ci s'enfuyait à son approche. Désespérée, Echo se laissa dépérir dans une grotte. Assoiffé par sa course, le jeune homme se pencha à une source pour y boire. Fasciné par son image, stupéfié par son reflet, il se mua en narcisse.

Caractère : il s'appuie sur son instinct pour faire ses choix, même les plus importants. Agréable, facile à vivre, il lie facilement connaissance mais ses coups de cœur sont souvent superficiels.

....

Némo

Fête le 15 août

Origine : du latin *nemo* personne.

Histoire : Némo est un prénom romanesque. Dans le roman ***Vingt mille lieux sous les mers*** de Jules Verne, le capitaine Némo est un mystérieux savant qui cache sa véritable identité. Hanté par un passé qu'il veut oublier, il écume les mers, dans un sous-marin merveilleux, loin des hommes et de la civilisation. Dans ***L'Île mystérieuse***, on apprend que Némo est le fils d'un râga indien.

Caractère : son esprit analytique, son sérieux et son sens de la déduction le mènent vers des carrières scientifiques où il excelle. C'est un découvreur, un aventurier de l'esprit.

....

Nestor

Fête le 26 février

Origine : du grec *nestôr* : celui qui atteint le calme de la sagesse.

Histoire : Nestor est un prénom de la Grèce antique. Le roi de Pylos, Nestor, obtint du dieu Apollon de vivre alerte jusqu'à un âge très, très avancé. Eloquent, sage et plein d'expérience, ayant vu passer trois générations, il prit part à la guerre de Troie plus que centenaire. En 1942, le détective privé Nestor Burma, créé par Léo Malet, redonna un coup de jeune à ce prénom majestueux.

Caractère : indépendant, original, il est l'ennemi de la routine. Beau parleur, son éloquence plus douce que le miel lui donne un fort potentiel de sympathie.

....

Niels

Fête le 6 décembre

Origine : du grec *nikê* victoire et *laos* peuple.

Histoire : Niels est le héros du conte *Le merveilleux voyage de Niels Holgersson* écrit par Selma Lagerlöf en 1906. Ce petit garçon qui ne pense qu'à faire de mauvais tours est puni par un lutin. Il devient minuscule et s'envole avec les oies sauvages sur le dos d'un jard avec qui il peut parler. Il traverse la Suède et découvre les merveilles des régions qu'il traverse.

Caractère : curieux, intelligent, il est toujours prêt à aider, à participer, à entreprendre, c'est un concentré d'énergie et d'inventivité.

....

Numa

Fête le 6 juin

Origine : du latin *Numa*, roi de Rome.

Histoire : Numa est un prénom de la Rome antique. Successeur de Romulus, Numa Pompilius fut le second roi de Rome au VIIe siècle av. J.-C. Il organisa les lois de la cité, divisa l'année en douze mois et créa les collèges. Numa redevint à la mode à la Révolution française grâce au roman *Numa Pompilius* de Florian publié en 1786.

Caractère : élégant, racé, sa distinction naturelle et son allure de gentleman font de lui un grand séducteur.

Orphée Oscar Othello Oreste Orphée Oscar Othello Oreste

Oreste

Fête le 9 novembre

Origine : du grec *orestês*, montagneux.

Histoire : Oreste est un prénom de tragédie grecque. Fils d'Agamemnon, Oreste veut venger son père assassiné par son épouse Clytemnestre. Oreste supprime lui-même la coupable Clytemnestre, sa mère. Son geste divise les Dieux. Acquitté par les Dieux, il monte sur le trône et gouverne Argos. Oreste a inspiré à Eschyle et à Euripide deux tragédies admirables.

Caractère : guidé par ses sentiments, ses excès, ses passions, il le courage de se battre contre l'adversité et ne recule devant rien. Bien canalisé, il peut accomplir des actions remarquables.

Variantes : Orestie.

Orphée

Fête le 17 mars

Origine : du grec *orphos* isolé, esseulé.

Histoire : Orphée est un prénom de la mythologie. Musicien et poète, Orphée est follement amoureux de sa femme, la belle dryade Eurydice. La malheureuse ayant succombé à une piqûre de vipère, Orphée descend aux enfers avec sa lyre pour ramener son aimée. Orphée ne doit pas se retourner avant d'avoir franchi la limite qui sépare le monde des morts de celui des vivants. Ne résistant pas à son désir de revoir sa femme, il se retourne et la perd pour toujours Deux opéras, celui de Glück *Orphée et Eurydice* en 1774 et celui d'Offenbach *Orphée aux enfers* en 1858 rendirent ce prénom célèbre.

Caractère : il a du panache, de l'allure et ne laisse personne indifférent.

Oscar

Fête le 3 février

Origine: du celte *ois* cerf et *kar* qui aime.

Histoire: Oscar est un prénom médiéval. Chevalier saxon qui s'est illustré dans l'évangélisation des pays nordiques, Oscar fut remis à la mode au XVIIIe siècle par James Macpherson qui publia des poèmes, soi-disant vrais, racontant les exploits d'un barde écossais légendaire. Au XIXe siècle, Oscar est devenu un prénom de dandy en référence à Oscar Wilde, l'auteur sulfureux du *Portait de Dorian Gray*. Aux Etats-Unis, les « Oscar » sont devenus des trophées récompensant les meilleurs du monde dans le domaine du cinéma.

Caractère: brillant, aimant le faste et le monde des médias, il est tenace en affaires, aussi convaincu que convainquant, bref il est tout simplement irrésistible.

....

Othello

Fête le 16 avril

Origine: du germanique *othon* richesse du peuple.

Histoire: Othello est le héros de la pièce de Shakespeare *Othello ou le maure de Venise* créée en 1604. Le fringant et victorieux général maure, Othello, a épousé la belle et douce Desdémone. Mais sa jalousie, alimentée par les mensonges de Iago, l'amènera à détruire son couple et son amour. Ce drame orientaliste était adoré par les romantiques de Byron à Hugo. Othello inspira le poète Alfred de Vigny et les compositeurs d'opéras Rossini et Verdi.

Caractère: sociable, agréable, il est sensible à la beauté et à l'art. Son goût de la perfection peut le rendre très exigeant envers les autres comme envers lui-même.

....

Perceval Paulin Philémon Pablo Perceval Paulin Philémon

Pablo

Fête le 29 juin

Origine : du latin *paulus* petit.

Histoire : Pablo est un prénom d'artiste. La notoriété de Pablo est directement liée à Picasso, peintre illustre et génial qui a révolutionné l'art du XXe siècle. Venu d'Espagne, son regard personnel sur le monde a formé le goût du monde entier.

Caractère : doué en tout, il aime briller et susciter l'admiration. Son esprit novateur le pousse à tenter de nombreuses expériences. Il peut parfois en sous-estimer les risques et les conséquences et doit faire preuve de prudence pour canaliser son torrent d'énergie.

....

Perceval

Fête le 29 juin

Origine : du chaldéen *pârshy-pâal* celui qui part à la recherche du verbe.

Histoire : Perceval est un chevalier de la table ronde. Jeune seigneur gallois, Perceval est élevé par sa mère dans une forêt isolée du monde jusqu'à 15 ans car elle redoutait le perdre. Mais en jouant au javelot, il croise cinq chevaliers aux armures si étincelantes qu'il les prend pour des anges. Il se rend alors à la cour d'Arthur pour devenir le seul chevalier capable de percer les mystères du Graal.

Caractère : droit, honnête, il a un sixième sens pour détecter l'imposture et le mensonge. Il a l'ambition de réussir sa vie, à tous les niveaux et il fait beaucoup d'efforts pour grimper en haut de la hiérarchie sociale.

Variante : Parsifal.

....

Paulin

Fête le 11 janvier

Origine: du latin *paulus* petit.

Histoire: Paulin est un prénom médiéval. Influent, diplomate, juste, Paulin fut l'un des conseillers les plus écoutés de Charlemagne qui œuvra pour que les enfants, pas seulement ceux de familles nobles, aient droit à l'instruction. Alternative au prénom Paul dont il est dérivé, Paulin en a le côté classique tout en y ajoutant une touche d'originalité.

Caractère: rigoureux, il a besoin d'un temps de réflexion pour évaluer tous les aspects de la situation avant de se lancer. Fidèle en amitié comme en amour, il sait écouter et remonter le moral de ses proches.

Variantes: Paul, Paule, Paula, Pauline.

Philémon

Fête le 21 novembre

Origine: du grec *philein* aimer, embrasser.

Histoire: Philémon est un prénom de la mythologie grecque. Selon Ovide dans *Les Métamorphoses*, Philémon et sa femme Baucis accueillirent chez eux les dieux Zeus et Hermès, déguisés en voyageurs et rejetés par tous de maison en maison. En récompense, les dieux les sauvèrent du déluge, transformèrent leur humble maison en temple et Philémon et Baucis furent métamorphosés en arbres enlacés pour l'éternité.

Caractère: sensible aux critiques, il redoute le jugement des autres et il a besoin d'être accompagné et chaleureusement soutenu par les personnes qui l'aiment pour se sentir bien. Quand il est encouragé, sa motivation explose et il est capable de se dépasser.

Variante: Philomène.

inier Robinson Rodrigue Roméo Ruben Rainier Robinson Ro

Rainier

Fête le 17 juin

Origine : du germanique *ragin* conseil et *hari* armée.

Histoire : Rainier est un prénom médiéval. Au XIIe siècle, Rainier était un charmant troubadour italien, joueur de viole, qui décida de partir en pèlerinage en Palestine puis de vivre reclu dans un monastère. Aujourd'hui il a conquis une notoriété dans le bottin mondain.

Caractère : diplomate, doux et charmeur, il a beaucoup de cordes à son arc et sait parler aux femmes.

Variante : Régnier.

....

Robinson

Fête le 30 avril

Origine : de l'anglais *robin* rouge-gorge.

Histoire : Robinson est un héros de la littérature. C'est le roman de Daniel Defoe *Robinson Crusoé* publié en 1719 qui a lancé ce prénom qui revient à la mode de nos jours. Tout le monde connaît les aventures de Robinson, échoué sur une île déserte avec son serviteur Vendredi.

Caractère : ce qui le caractérise c'est la gaîté. Toujours prompt à savourer les petits plaisirs de la vie, à profiter du moment présent, sa philosophie c'est *carpe diem*.

Variante : Robin.

....

Rodrigue

Fête le 13 mars

Origine: prénom d'origine germanique, *hrod*, gloire et *ric*, puissant

Histoire: Rodrigue est le héros du *Cid* de Corneille (1636). Jeune noble espagnol, Rodrigue, le Cid, aime Chimène qui l'aime en retour. Mais le père de Chimène tue le père de Rodrigue. Pour venger son père, Rodrique se bat en duel avec le père de son aimée et le tue. Chimène est effondrée, Rodrigue s'engage contre les Maures, sauve la Castille et pour le récompenser le roi impose le mariage des deux amoureux.

Caractère: noble, vaillant, c'est un conquérant prêt à se battre et à triompher. La finance et la bourse forment un terrain de prédilection pour exploiter ses dons de battant. Il aime aussi le barreau où il peut batailler et remporter la victoire pour ses clients.

Variante: Rodéric.

....

Roméo

Fête le 25 février

Origine: du latin *romaeus* pèlerin.

Histoire: Roméo est un prénom qui évoque le théâtre. C'est William Shakespeare qui fit la renommée de Roméo dans sa célébrissime pièce ***Roméo et Juliette***. À Vérone, deux familles puissantes, les Capulets et les Montaigus, sont ennemies. Mais Roméo et Juliette sont passionnément épris et ils comptent se marier en secret. La haine liant leurs deux familles causera la mort des deux jeunes amants. Cette histoire d'amour bien plus fort que la raison et la mort nous touche autant aujourd'hui qu'hier.

Caractère: romantique et tendre, c'est un sentimental qui peut se laisser emporter par sa fougue. Il est dynamique et capable de prendre des initiatives qui font de lui un leader.

....

Ruben

Fête le 22 août

Origine : de l'hébreu *reouven* « voyez, un fils ! »

Histoire : Ruben est un prénom biblique. Dans la bible, Ruben est l'aîné des fils de Jacob, il est donc le fondateur d'une des douze tribus d'Israël. Ayant pris à son père l'une de ses concubines, il fut privé de son droit d'aînesse mais continua à protéger ses frères Joseph et Benjamin.

Caractère : il a le sens des responsabilités et la famille est une valeur fondamentale pour lui. Chaleureux et protecteur, on peut compter sur lui.

....

msson Séraphin Siegfried Samson Solal Swaan Samson Séra

Samson

Fête le 28 juillet

Origine : de l'hébreu *shimshôn*, petit soleil.

Histoire : Samson est un prénom biblique. Dernier grand juge d'Israël, Samson était connu pour sa force physique et sa lutte contre les Philistins. La trahison de Dalila causera sa perte. Ayant découvert que la force de Samson résidait dans sa chevelure, elle lui coupa les cheveux et le rendit vulnérable.

Caractère : il rêve de voyages au bout du monde, d'aventures extraordinaires mais il aime bien sa maison et son confort. Affectueux, il aime beaucoup les enfants et il s'en occupe très bien car même adulte, il garde un peu d'enfance en lui.

....

Séraphin

Fête le 12 octobre

Origine : de l'hébreu *saraph*, brûler

Histoire : Séraphin est un prénom biblique. Dans la bible, les séraphins sont les anges qui proclament la gloire de Dieu. Le succès populaire de ce prénom date du début XXe tout comme Séraphine. Aujourd'hui, sa côte bénéficie du succès de deux autres anges, Gabriel et Raphaël.

Caractère : angélique donc, empathique il sait écouter et soigner les autres, mais il sait aussi être enjoué et léger, et a beaucoup d'humour.

Variante : Séraphine.

....

Siegfried

Fête le 22 août

Origine : du germanique ***sieg*** victoire et ***fried*** protecteur.

Histoire : Siegfried est un prénom wagnérien. Au Moyen Âge ***La chanson des Nibelungen*** racontait les exploits de Siegfried qui tue le dragon et sort de son sommeil Brunehilde endormie. Richard Wagner reprit ce thème dans sa tétralogie entre 1853 et 1874 et rendit Siegfried célèbre dans le monde entier.

Caractère : il a besoin de liberté, d'indépendance, il trouve les responsabilités familiales un peu pesantes et s'y engage uniquement quand il a atteint une maturité suffisante. Secret, inutile de vouloir le faire parler quand il garde le silence, ça le met mal à l'aise.

....

Siméon

Fête le 28 octobre

Origine : du grec ***shim'on*** « il a entendu ».

Histoire : Siméon est un prénom biblique. Ancien berger, Siméon vécut toute sa vie de façon austère, en Syrie, et décida de s'installer au sommet d'une colonne de 22 mètres de haut et 2 mètres de diamètre pour y jeûner. Il y vécut trente ans sans en descendre. La légende raconte qu'à force de vivre comme les oiseaux, il finit par se déplacer comme eux. Siméon le Stylite mourut en position de prière, les mains jointes et les yeux fermés, de sorte que ses fidèles mirent deux jours à se rendre compte de sa mort.

Caractère : épris d'indépendance, il a parfois du mal à accorder à ses proches le même degré de liberté qu'à lui-même. En fait il est un peu jaloux et possessif mais c'est parce qu'il aime fort !

....

Solal

Fête le 19 juin

Origine : de l'hébreu *solel* : celui qui ouvre le chemin.

Histoire : Solal est un prénom littéraire. Solal a conquis ses lettres de noblesse grâce au roman d'Albert Cohen paru en 1930, ***Belle du seigneur***. Séducteur né, Solal commet maintes folies pour conquérir la belle Ariane, il la kidnappe même en pleine nuit. Mais éternel insatisfait du réel, Solal est déçu et se lasse, leur couple finit par s'autodétruire.

Caractère : il combine un charme et une autorité naturelle qui attirent. Il s'impose facilement et partout. Même quand il doute de lui, même quand il est touché, il donne le change et affiche une assurance et une décontraction qui confinent au flegme britannique.

Swann

Fête le 14 novembre

Origine : de l'anglais *swan* cygne.

Histoire : Swann est un prénom littéraire. Personnage clé du roman de Marcel Proust ***Du côté de chez Swann***, Swann est un homme du monde parisien et un amateur d'art. Fou amoureux d'Odette de Crécy, une demi-mondaine, il l'épouse et se rend compte qu'il perd son temps avec cette femme qui ne le mérite pas et l'empêche de travailler vraiment. Swann est un héros typique d'***À la recherche du Temps perdu***, nostalgique d'un temps passé qu'on ne peut plus rattraper, mais aussi d'un temps gaspillé en frivolités dans les salons mondains…

Caractère : jouisseur et esthète, il aime que la vie avance à cent à l'heure. Il a la hantise de passer à côté du bonheur, de ne pas profiter suffisamment de l'existence tant qu'elle est là.

nce Thaddée Théophile Tobias Tristan Terence Thaddée Théophile

Terence

Fête le 10 avril

Origine : du latin *terentius* celui qui bat le blé.

Histoire : Térence est un prénom de l'Antiquité romaine. Le poète Terence, originaire de Carthage, fut enlevé par des pirates dans sa jeunesse et vendu comme esclave. Affranchi par son maître, le sénateur Terentius Lucanus, il écrivit de brillantes comédies dont s'inspira Molière.

Caractère : réservé, sans être timide, il préfère se replier en cas de problème car il déteste les conflits. Il possède une grande patience, de la persévérance et une aptitude à s'autocontrôler car il n'aime pas être emporté par ses élans ou ses passions. De cette manière, il se révèle un être à la fois rusé et astucieux, très consciencieux et diplomate. En somme, c'est une personne digne de confiance, laborieuse et responsable, chez qui prime le sens de l'économie et de l'administration.

Thaddée

Fête le 28 octobre

Origine : du grec *theodês* : qui a la crainte de Dieu.

Histoire : Thaddée est un prénom biblique. Surnom de l'apôtre Jude dans l'Ancien Testament, Thaddée Paz est aussi l'un des grands amoureux de la Comédie humaine de Balzac. Gentilhomme polonais sans fortune, Thaddée est un courageux officier qui prit le parti de la Pologne contre la Russie en 1831, au risque de sa vie.

Caractère : objet de contrastes et d'incertitudes, il a une grande faculté d'adaptation. Imaginatif, il est attiré par le mystère et l'irréel. Très dévoué et sensible, il est capable de sacrifices pour ceux qu'il aime.

Variante : Thadeus.

Théophile

Fête le 20 décembre

Origine : du grec *theos*, dieu et *philein* aimer.

Histoire : Théophile est un prénom du Moyen Âge. D'après la légende, Théophile le pénitent avait vendu son âme au diable. Mais il s'en repentit tant qu'il fut sauvé de l'Enfer par l'intervention de la Vierge. L'écrivain Rutebeuf qui raconta son histoire dans *Le Miracle de Théophile* en 1260 fut à l'origine de l'engouement de toute l'Europe pour ce prénom.

Caractère : actif et sociable, il rend volontiers service et va sans cesse de l'avant. Son dynamisme exceptionnel et sa grande force de caractère font de lui un entrepreneur efficace. Franc et ouvert, il réagit au quart de tour et ne cache pas ce qu'il pense.

Tobias

Fête le 31 janvier

Origine : de l'hébreu *tobiah* « dieu est bon ».

Histoire : Tobias est un prénom biblique. L'Ancien Testament raconte que Tobias devait trouver un remède pour soigner son père devenu aveugle. L'Archange Raphaël, sous l'apparence d'un voyageur, lui apprit à fabriquer un onguent. Il l'aida ensuite à épouser sa cousine Sarah et à vaincre le démon Asmodée, qui par jalousie, avait tué les sept premiers maris de Sarah le soir des noces.

Caractère : le succès couronne la plupart de ses entreprises, dans tous les domaines et sous toutes les latitudes. Généreux, il fait profiter ceux qu'il aime de ses opportunités et il a un sens de la famille et de la solidarité très poussée.

Variante : Tobie.

Tristan

Fête le 12 novembre

Origine: du celte ***drystan***, vacarme, tumulte

Histoire: Tristan est un prénom médiéval. Preux chevalier, brillant poète et joueur de luth, modèle de courtoisie, Tristan est l'amant d'Yseult. Liés par un philtre d'amour qu'ils ont bu tous les deux, la mort ne les séparera pas. Lorsque Yseult arrive trop tard pour secourir Tristan, elle se laisse mourir pour le rejoindre dans l'au-delà. Tristan et son couple mythique ont bouleversé les romantiques à travers les siècles.

Caractère: intellectuel, avide de connaissances, il se distingue par son intelligence vive et son intuition profonde. C'est un individualiste qui tient à son indépendance mais qui est capable de se donner entièrement à celle qui saura l'émouvoir et combler sa soif d'absolu.

Variante: Tristana.

....

Uriel Ulysse Uriel Ulysse Uriel Ulysse Uriel Ulysse Uriel U

Ulysse

Fête le 4 juillet

Origine : du grec *odusseos* : celui qui s'en va.

Histoire : Ulysse est un prénom de la mythologie. Héros de *L'Odyssée* d'Homère, Ulysse parcourt les mers et affronte le Cyclope, les sirènes, la magicienne Circé et bien d'autres dangers avant de revenir à Ithaque retrouver sa femme Pénélope et son fils Télémaque. Surmontant tous les pièges que lui tendent les Dieux, il ne perd jamais espoir et se bat avec courage, ruse et détermination.

Caractère : intelligent, rusé, maître de lui, il s'adapte à toutes les situations. Idéaliste, il est têtu et acharné à réussir ce qu'il entreprend. Son caractère emporté et ambitieux et son esprit de révolte le font craindre de ses ennemis. Mais, avec ses amis, il sait se montrer fidèle, sincère et généreux. Exigeant, il ne peut aimer que quelqu'un qu'il considère comme son égal.

Uriel

Fête le 1er octobre

Origine : de l'hébreu *el* Dieu et *uri* lumière.

Histoire : Uriel est un nom biblique. Uriel est l'un des quatre archanges résidant aux points cardinaux du ciel, avec Michaël, Raphaël et Gabriel. Uriel est l'ange qui apporte aux êtres humains les lumières de la connaissance de Dieu. Il serait aussi l'interprète des prophéties et l'ange du châtiment.

Caractère : tiraillé entre ses idéaux intellectuels et humanitaires et des instincts terre à terre, il a du mal à gérer ses contradictions. Optimiste, il est le plus souvent de bonne humeur. Chaleureux avec son entourage, c'est un excellent ami qui déteste l'hypocrisie et ne connaît pas la rancune.

dim Valentin Valère Valmont Virgile Wermer Werther Willy V

Vadim

Fête le 15 juillet

Origine : de l'indo-européen *va* déclaration.

Histoire : Vadim est un prénom du Moyen Âge. Dans les contes russes, le sorcier Vadim incarne celui qui sait. Ce don de devin permet à Vadim de se sortir des pièges et de vaincre ses ennemis. Vadim autrefois très populaire en Russie ensorcelle aujourd'hui la France.

Caractère : sensuel, nature, facile à vivre, simple, décontracté, avec lui le bonheur c'est facile. Loin de tout esprit de compétition, l'important pour lui est de construire, patiemment, un nid douillet pour sa famille. N'aimant ni le changement, ni l'imprévu, il a un besoin important de sécurité et s'engage pour la vie une fois qu'il a trouvé sa voie.

Valentin

Fête le 14 février

Origine : du latin *valens* bien portant.

Histoire : Valentin est un prénom médiéval. Dès le Moyen Âge, le poète Charles d'Orléans chantait la fête de saint Valentin devenue la fête des amoureux. La Saint Valentin coïncide avec l'ancienne fête de Junon, déesse de la fertilité. Valentin désigne aujourd'hui encore le jeune homme qu'une jeune fille choisit comme amoureux.

Caractère : toujours là où on ne l'attend pas, sa curiosité et sa vivacité d'esprit sont insatiables. Son esprit en ébullition passe d'un sujet à l'autre, d'un désir à l'autre, d'un hobby à l'autre. Il adore rencontrer du monde, fréquenter des endroits qui bougent et s'amuser. C'est un ami formidable, fantaisiste, parfois un peu superficiel mais tellement drôle et sympa qu'on lui pardonne.

Variantes : Valentine, Valentina.

Valère

Fête le 14 juin

Origine : du latin *valere* : être en bonne santé.

Histoire : Valère est fait pour les amoureux du théâtre classique. Plusieurs personnages de Molière s'appellent Valère. Il y a un Valère dans *Tartuffe, L'Avare, Le Médecin volant*… On rencontre aussi un Valère dans *Horace* de Corneille. Aujourd'hui Valère sonne bien à nos oreilles, comme les trois coups qui annoncent le début d'une bonne pièce de théâtre.

Caractère : il a l'âme d'un chef, il sait se montrer persuasif et rallier les autres à sa cause sans imposer quoique ce soit. Avec humour et diplomatie ! Il fait preuve d'un grand dévouement pour sa famille ou pour ses collègues de travail. Calme et serein, il possède un *self-control* étonnant et ne se met jamais en colère.

Variantes : Valery, Valeriane, Valérien.

Valmont

Fête le 25 juillet

Origine : tiré du nom propre « Valmont ».

Histoire : Valmont est le héros du roman épistolaire *Les Liaisons dangereuses* de Choderlos de Laclos. Créé en 1782, Valmont est un séducteur libertin pour qui la conquête amoureuse des femmes est une chasse excitante. Il aime traquer ses proies, vaincre leurs réticences et une fois qu'elles lui cèdent, il cesse de s'y intéresser. Touché par l'amour sincère d'une femme droite et pure, il se repend mais trop tard.

Caractère : tout d'une pièce, son énergie naturelle le pousse à vouloir la première place partout où il arrive. Malgré un ego surdimensionné, il suscite la sympathie grâce à son charme fou. Foncer tête baissée n'a pas que des avantages. Il arrive que sa témérité soit sanctionnée brutalement par un échec. Il se met alors à douter. Mais cette remise en question ne dure jamais bien longtemps et son côté instinctif et batailleur reprend vite le dessus.

Virgile

Fête le 10 octobre

Origine: du latin *virga* petite branche, baguette, pipeau.

Histoire: Virgile est un prénom de la Rome antique. Virgile était le poète latin le plus renommé de tous. Perçu comme un prophète par les premiers chrétiens, Virgile fut un personnage important dans les pièces religieuses du Moyen Âge. Puis on le retrouve dans *La Divine Comédie* de Dante. Le grand poète de la renaissance italienne a ouvert à Virgile une voie royale jusqu'à aujourd'hui.

Caractère: il vit dans ses rêveries et embellit le monde quand il ne le trouve pas à la hauteur de ses aspirations. Mais il ne néglige pas pour autant l'action. D'ailleurs son sens pratique et son sens des responsabilités en étonneront plus d'un.

Werner

Fête le 19 avril

Origine: du germanique *waren*, défense et *her*, armée.

Histoire: Werner est un prénom de la chevalerie. En 1515, le chevalier Werner Steiner, qui se distingua à la bataille de Marignan fit beaucoup pour la renommée de ce prénom. Un peu oublié, Werner est réapparu à la fin du XIXe grâce à l'engouement pour le romantisme allemand et l'univers wagnérien.

Caractère: extraverti, très à l'aise en communication, il a un grand désir de plaire et sait facilement s'adapter en société. En recherche perpétuelle de compromis, il a du mal à affirmer ses positions et préfère être un médiateur plutôt qu'un leader.

Werther

Fête le 12 octobre

Origine : du germanique ***wert***, valoir.

Histoire : Werther est un prénom littéraire. Héros du roman culte de Goethe ***Les Souffrances du jeune Werther*** c'est le prénom du Sturm und Drang, romantique par excellence. Les actions de Werther, déterminées entièrement par ses sentiments pour Charlotte, ont déclenché en Europe la fièvre werthérienne. Les hommes s'habillaient de costumes jaune et bleu, comme la tenue de bal de Werther, et les femmes portaient des robes roses et blanches, comme Charlotte.

Caractère : il a un don naturel pour écouter et guérir les plaies physiques comme les plaies de l'âme. Il peut faire un brillant docteur en médecine ou en psychologie. Sa personnalité originale intrigue autant qu'elle captive.

....

Willy

Fête le 10 janvier

Origine : du germanique ***wil*** volonté et ***helm*** casque.

Histoire : Willy est un prénom de dandy, dérivé de William. Dans les années folles, Willy était un des hommes les plus en vue de la vie parisienne : boulevardier, écrivain polisson, critique musical, il fut le mari de l'écrivain de génie Colette. Signant ses écrits et ceux de sa femme, il vendit les droits des ***Claudine*** à ses éditeurs, sans même la prévenir. Colette ne lui pardonnera jamais. Le compositeur Erik Satie s'opposa en duel à Willy et le 1er mai 1905, le couple divorça.

Caractère : énergique et actif, il se crée des défis et les réalise dans la foulée. Il est parfois difficile à suivre tant sa fougue et son esprit indépendant le poussent constamment plus loin et plus haut. Son côté direct et audacieux peut parfois lui faire prendre des risques et il a besoin que ses proches lui rappellent la prudence.

....

Yvain Zacharie Zéno Zéphyr Yaël Yvain Zacharie Zéno Ya

Yaël

Fête le 24 juin

Origine : de l'hébreu *yael* chèvre sauvage.

Histoire : Yaël est un prénom biblique. Dans l'Ancien Testament, Yaël participa à la victoire des Hébreux contre les Cananéens. Le général des Cananéens s'était réfugié sous la tente de Yaël. Mettant la situation à profit, Yaël fit semblant de prendre soin de lui, il lui donna du lait, le couvrit d'un manteau puis le tua.

Caractère : son assurance n'est jamais en défaut et on ne le désarçonne pas facilement car il contrôle bien son émotivité. Quand il est contrarié, il n'explose pas de colère mais il s'en souvient encore des années plus tard.

Variante : Yaëlle.

....

Yvain

Fête le 19 mai

Origine : du germanique *yvo* : if.

Histoire : Yvain est un des chevaliers de la table ronde. Dans le roman de Chrétien de Troyes, écrit en 1176, Yvain est le fils de Morgane la fée. Courageux, il sauve un lion des flammes du dragon, tue le géant et sort vainqueur de deux démons. Le roi Arthur reconnaît sa vaillance et Yvain vit heureux avec sa dame Laudine.

Caractère : solide, fiable, il est avide de voyages et d'expériences nouvelles. Il a un cœur d'or et tout au long de sa vie, c'est le règne absolu du sentiment et des émotions sur l'intellect et la raison.

Variantes : Yveline.

....

Zacharie

Fête le 5 novembre

Origine : de l'hébreu, *zekha* souvenir et de *yah*, dieu.

Histoire : Zacharie est un prénom biblique. Zacharie est l'époux d'Elisabeth qui ne peut avoir d'enfant. L'ange Gabriel apparaît à Zacharie et lui annonce qu'il va être père d'un garçon, Jean. Zacharie doute et l'ange Gabriel le rend muet pour le punir. Zacharie retrouvera heureusement la parole après la naissance de son fils.

Caractère : séduire est la grande affaire de sa vie. Pas pour rivaliser ou prendre le pouvoir sur les autres mais pour se rassurer car il doute beaucoup de lui. Enfant, il a besoin d'être choyé, encouragé, félicité et admiré pour donner le meilleur de lui-même.

....

Zéno

Fête le 12 avril

Origine : du grec *zenodotos* cadeau de Zeus.

Histoire : Zéno est un prénom de la Grèce antique. Le philosophe Zénon de Kition, enseignait à Athènes en 335 avant J.-C. Zénon fut le fondateur de l'école stoïcienne qu'il dirigea 50 ans. On retrouve Zeno sur le devant de la scène au XVIe siècle. La famille Zeno était membre de l'aristocratie de Venise et possédait une entreprise de transport entre Venise et la Terre sainte. Les frères Nicolo et Antonio Zeno devinrent célèbres en raison d'une mystification. Ils établirent une carte de contrées imaginaires, la Carte Zeno, magnifique mais fausse, qui trompa les navigateurs les plus émérites pendant une centaine d'années. On retrouve Zéno au XXe siècle dans le roman culte d'Italo Svevo.

Caractère : partagé entre les différentes cordes qu'il a à son arc, il peut tout réussir. À condition de trouver sa voie et de s'y tenir. Sinon il risque de devenir un touche à tout talentueux mais superficiel, ce qui ne satisfera nullement son degré d'exigence.

Variante : Zénon.

....

Zéphyr

Fête le 26 août

Origine: du grec *zophos* ténèbres.

Histoire: Zéphyr est un prénom de la mythologie grecque. Époux de Chloris, déesse du printemps et des fleurs, Zéphir, était un vent doux et tiède qui provoquait la fonte des neiges. Symbole de l'arrivée du printemps, Zéphir et sa femme Chloris eurent un fils, Carpos, le fruit!

Caractère: il aime la vie et ne cherche pas à se la compliquer. Il profite de tous les plaisirs qui passent à sa portée. Mais il n'est pas qu'un hédoniste. Curieux, il s'intéresse aux sciences qui peuvent lui donner les clés du comportement humain et se lance avec brio dans la recherche.

Variantes: Zéphirin, Zéphirine.

....